Interpretationen

INTERPRETATIONEN

Gedichte von Joseph von Eichendorff

Herausgegeben von
Gert Sautermeister

Philipp Reclam jun. Stuttgart

RECLAMS UNIVERSAL-BIBLIOTHEK Nr. 17528

Gesamtherstellung: Reclam, Ditzingen
Printed in Germany 2005

ISBN 3-15-017528-3

www.reclam.de

Inhalt

Einleitung

Die vorliegenden Beiträge zur Lyrik Eichendorffs fügen jeweils zwei Gedichte zu einem Paar zusammen, das durch ein bestimmtes, klar erkennbares Motiv ausgewiesen ist.[1] Die Nacht, der Wald, die Heimat, die Fremde, Aufbruch und Sehnsucht, der Eros sind zentrale Motive in der Lyrik Eichendorffs. Aber keines dieser Motive ist eindeutig fixierbar, jedes entfaltet unterschiedliche Bedeutungen, ja, ihre Unterschiedlichkeit kann sich zum Gegensatz und Widerspruch steigern. Das verleiht der Eichendorff'schen Lyrik ihre innere Spannung und ihre konträren Perspektiven, ihre Ambivalenz, von Fall zu Fall ihre Polyvalenz. Die paarweise Anordnung und Interpretation der Gedichte kann das beispielhaft offen legen – und so Eichendorff vor der Gefahr der Harmonisierung und Idyllisierung schützen.

Die Ambivalenz und Divergenz der einem Sujet immanenten Bedeutungen in Eichendorffs Lyrik erweist beispielhaft die Nacht, eines seiner zentralen Motive, vielleicht das Eichendorff'sche Motiv par excellence. In dieser

1 Die Textgrundlage der Beiträge bildet die von Peter Horst Neumann besorgte Reclam-Ausgabe der Gedichte Joseph von Eichendorffs (UB-Nr. 7925, Stuttgart 1997; zitiert als G). Texte, die darin nicht enthalten sind, werden zitiert nach *Sämtliche Werke des Freiherrn Joseph von Eichendorff*. Historisch-kritische Ausgabe. Hrsg. von Hermann Kunisch und Helmut Koopmann. Bd. 1/1, hrsg. v. Harry Fröhlich und Ursula Regener. Stuttgart/Berlin/Köln: W. Kohlhammer 1993; 1/2, hrsg. von Harry Fröhlich; Stuttgart/Berlin/Köln: W. Kohlhammer 1993; Bd. 1/3 und 1/4, hrsg. von Ursula Regener. Tübingen: Max Niemeyer Verlag 1997 (zitiert als SW). Bei drei Beiträgen hätten wir die paarweise angeordneten Gedichte nach verschiedenen Ausgaben zitieren und so ein unmittelbar divergierendes Erscheinungsbild bieten müssen. In diesem Fall haben wir um der Einheitlichkeit der Textgestalt willen nach SW zitiert. Die Prosazitate haben wir teils den SW entnommen, teils der Ausgabe *Joseph von Eichendorff. Werke in sechs Bänden*. Hrsg. von Wolfgang Frühwald, Brigitte Schillbach und Hartwig Schultz. Frankfurt a. M.: Deutscher Klassiker Verlag 1987 ff. (zitiert als W).

Hinsicht ist er der Lyriker der Romantik schlechthin. Die Gegenüberstellung von *Mondnacht* (einem der schönsten Gedichte in deutscher Sprache) und *Zwielicht* legt nachdrücklich das Spannungsverhältnis offen, das Eichendorff einem Thema einzuschreiben liebt. *Mondnacht* entfaltet, wie Alexander von Bormann zeigt, die Stunde und Stimmung der Versöhnung, erinnert an die ursprüngliche Einheit aller Wesen, ohne daß dieser eine erfüllte Moment eines Ausgleichs von Himmel und Erde und eines Stillstands in der Geschichte der Trennungen verabsolutiert werden dürfte zu einer tatsächlich vollzogenen ›mystischen Vereinigung‹ – Eichendorffs Konjunktive stehen vielmehr für die poetische Beschwörung einer vielleicht möglichen Einigung des Getrennten. Die bildliche Versöhnung von Diesseits und Jenseits ist von den Anführungszeichen des ›als ob‹ umstellt, den Zeichen für Eichendorffs Bewußtsein der eigenen Epoche. Es ist das Bewußtsein der ›Zerrissenheit‹ der Zeitverfassung, das auch in den Augenblicken der Aufhebung von Gegensätzen im diskreten Vorbehalt der Konjunktive noch wirksam ist.

Die Dissonanzen der Gegenwart bestimmen nun umfassend die abendliche und nächtliche Situation in *Zwielicht.* Sie bezeugen sich in einer Verstörung des Subjekts, die in den Stimmungsbildern des ›Schauers‹, der »schweren Träume« und des Grauens sich bezeugt. Die Dämmerung steht am Eingang einer als unheimlich empfundenen Nacht, in der »manches verloren bleibt« und die sinnbildlich »die langsam zersetzende und zerstörende Gewalt der Verhältnisse« (Eichendorff, *Dichter und ihre Gesellen*) reflektiert. Dagegen bietet die Schlußzeile den ermutigenden Zuruf »Hüte dich, bleib wach und munter!« auf; den Appell an die Wachsamkeit gegenüber den Mächten des Nächtigen und Dämonischen, der Selbstpreisgabe und der Zerrissenheit.

Die Analysen der Nacht-Gedichte Eichendorffs vermitteln auch eine Vorstellung von ihrem geistesgeschichtlichen

Reichtum und ihrer ästhetischen Eigenart. So wird die *Mondnacht* auf ein Mythologem von höchst ehrwürdiger heidnischer Tradition – den Kuß von Himmel und Erde – transparent, desgleichen auf das mythische Bild vom Heimflug des Seelenvogels; so wird in *Zwielicht* ein Echo auf die Tradition des geistlichen Lieds hörbar, aber auch eine Gegenstimme gegen den zeitgenössischen Kult des Nächtigen, Chthonischen.

Die behutsame Ästhetik der jahreszeitlichen Folge der Bilder in *Mondnacht* deutet auf die Idee des Kreislaufs des Lebens, während in *Zwielicht* die kühne Reimbindung des von religiöser Zuversicht getragenen »morgen neugeboren« mit der Dissonanz des »in Nacht verloren« für Eichendorffs wirklichkeitsoffene geschichtliche Klarsicht zeugt. Und beide Nachtgebilde erschließen der literarhistorisch orientierten Blickrichtung die emblematische Fügung der Strophen und damit ihren bemerkenswerten kunstvollen Aufbau.

Welche unterschiedlichen Bedeutungen ein- und dasselbe Motiv entwickeln kann, zeigt auch Ursula Regeners Vergleich von *Abschied*, einem der volkstümlichen Gedichte Eichendorffs, und *Warnung*, einem seiner unbekannten Sonette. Beide Texte handeln vom Wald, vielleicht dem prominentesten Motiv Eichendorffs, und seinem Gegenbild, der Stadt. Gewinnt das lyrische Ich in *Abschied* aus dem Wald das Bewußtsein einer Identität und Authentizität, findet es im Wald subjektive Richtwerte für sein zukünftiges Weltverhalten draußen in der Stadt, so stellt *Warnung* diese Selbstgewißheit in Frage. Denn die Fremde der Stadt wird vom lyrischen Ich als gesellschaftliches Dasein angeeignet, von dem es nun ebenfalls Abschied (»Urlaub«) nehmen muß, um im ›Draußen‹ des Walds sich mit ernsten Blicken messen und sein Weltverhalten überprüfen zu lassen. Dem Abschied vom Wald im ersten Gedicht mit dem Ziel der Selbstbewährung antwortet der Abschied von der Stadt im zweiten mit dem Ziel der Selbstüberprüfung; ein abschließendes Urteil ist dem »Engel« mit dem »Flammendegen« vorbehalten. Der Übertritt nach »draußen« erfordert demnach in beiden Fällen eine schwerwiegende Neuorientierung. Das eine Mal die Orientierung vom Wald in Richtung Stadt und Gesellschaft, das andere Mal von der städtischen Gesellschaft zum Wald zurück. Und es bleibt ungewiß, ob der Wald, in dem das Ich seine ursprüngliche Heimat so selbstgewiß konstituiert hatte, auch seine neue wiedergefundene Heimat sein wird: Verhindert nicht die Entfremdung und Entwöhnung, die das Verlassen des ersten, ursprünglichen Zuhauses mit sich bringt, daß der Betroffene sich hier jemals wieder einfindet? Gewiß ist nur, daß das Unterwegssein mitsamt den damit gegebenen Abschiedssituationen zur conditio humana gehört.

Von Belang für das Verständnis der beiden Gedichte ist ihr literarhistorischer und geistesgeschichtlicher Verweischarakter. So entfaltet der Wald in *Abschied* wesentliche Bedeutungsnuancen im Horizont der Sinnbildkunst des 16. und 17. Jahrhunderts, während die Stadt die Theatrum-mundi-Bildlichkeit Calderóns evoziert. *Warnung* zitiert im Bild des alttestamentlichen »Engel[s] mit seinem Flammendegen« die in der Genesis geschilderte Vertreibung aus dem Paradies, auf das Neue Testament dagegen weist die Schlußzeile zurück, die das Unterwegssein des Menschensohns mit der conditio humana assoziiert. Eichendorffs Intertextualität ist stets auch ein Zeugnis für eine schöpferische Anverwandlung der Tradition im lyrischen Gebilde.

Vom Motivkomplex Heimat und Fremde handeln die Gedichte *Heimweh* und *Rückkehr*. Während das lyrische Ich in *Heimweh* sich als Fremder begreift, den die Sehnsucht nach »der alten, schönen Zeit« und nach der »Heimath hinter den Gipfeln« umtreibt, kommt das Ich in *Rückkehr* aus der Fremde ins Vertraute, Heimatliche, zurück, in eine Stadt, in der es einst heimisch gewesen ist. Doch sieht es seine Erwartungen enttäuscht und erlebt sich gerade im heimatlichen Umfeld schmerzhaft als Fremder. Helmut Koopmanns Analysen zeigen, daß dieser Fremde zugleich ein Einsamer, vom Leben gründlich Ausgeschlossener ist, ganz gleich, ob er sich fern von der Heimat aufhält oder den Heimweg antritt. Die gleichsam existentiell erlebte Fremde heißt Einsamkeit, Verlassenheit, Isolation. Heimat in der doppelten Bedeutung des Wortes bei Eichendorff, – als der biblische Paradiesesgarten und als der schützende, identitätsstiftende Bezirk der Kindheit – ist unwiederbringlich verloren; der von ihr ausgeschlossene Homo Viator, ein in die Fremde Vertriebener, zeigt die ungewöhnlich frühe Ausprägung eines Exulantenbewußtseins. Und er bezeugt die radikale Erfahrung der Zeit als Zerrissenheit zwischen Früher und Jetzt. Der die Kluft zwischen Heimat und Fremde, alter schöner Zeit und Gegenwart erleidende Exulant macht die moderne Erfahrung einer Zeitenwende, die gleichsam als Riß durch Eichendorffs eigene Existenz hindurchgegangen ist.

Gleichwohl scheint das nicht die letzte Auskunft der beiden Gedichte zu sein. Lassen sie nicht auch untergründig die Stimme des Aufbruchs hören? Indem Koopmann *Heimweh* und *Rückkehr* in den Kontext der *Wanderlieder* Eichendorffs rückt, erblickt er ein Gegengewicht zur Erfahrung der Fremde und zum Blick zurück in die Vergangenheit. In *Rückkehr* kann der Aufbruch »in die weite Welt« auch ein Neuanfang sein, in *Heimweh* ist der Gruß ins Land hinab in der Schlußstrophe möglicherweise ein Heimweh, das sein Ziel gefunden und erreicht hat. Eichendorffs lyrische Gebilde entfalten wiederholt mehrsinnige Bedeutungen, die sich einer vereinfachenden und romantisierenden Rezeption widersetzen. Indem Eichendorff einen kleinen Schatz an Motiven, Symbolen und Erlebnissen immer wieder variiert, bereitet er keiner stereotypen, sondern einer beweglichen, doppelsinnigen und polyvalenten Sinngebung den Weg.

Daß der gläubige, katholische Eichendorff ein dualistisches, von christlichen Dichotomien geprägtes Weltbild besaß, das sich in Gegensatzpaaren wie Venus und Maria, Lebenslust und Melancholie, Wanderlust und Seßhaftigkeit, Heimat und Fremde fortsetzte, ist der Ausgangspunkt der Interpretationen von Egon Schwarz. Der Gegensatz kann, wie schon erwähnt, das einzelne Motiv ergreifen und es in zwei oppositionelle Spalten anordnen. So verhält es sich mit den Gedichten *In der Fremde* und *Schöne Fremde*. Wenngleich sie mit dem Motiv der Fremde das gleiche Sujet in den Vordergrund rücken, geht doch im ersten Gedicht die Gemütsbewegung vom Heimweh, im zweiten vom Fernweh aus. Führt das im einen Fall (*In der Fremde*) zu einer bedrückend anmutenden Fremde, die das Bild einer ehemals schützenden, nun aber entschwundenen Vergangenheit aufleuchten läßt, so ist im zweiten Fall die Fremde verlockend und glückverheißend. Gleichwohl sind Verlockung und Glücksverheißung nur an der Oberfläche rein positive Größen, enthüllen sie doch dem interpretierenden Nahblick eine euphorische, ja leicht hysterische Überschwenglichkeit. Beide Gedichte verhalten sich zueinander wie die depressiven und manischen Phasen einer Gemütskrankheit. Insofern leidet das lyrische Ich Eichendorffs an einer unheilbaren Entfremdung von Selbst, Ort und Zeit.

Die Interpretation der beiden Gedichte orientiert sich an ihrer ästhetischen Struktur, die eine Engführung von Natur- und Seelensprache erkennen läßt. In beiden spricht die Natur mit ihrem schwerverständlichen Rauschen und anderen Tönen zu einem erregbaren Ich, das sich die Botschaft erst in seine eigene Gemütssprache übertragen muß bzw. die eigenen Gefühle in die Natur projiziert, um ihrer bewußt zu werden, was sich jeweils grammatikalisch in einer irrealen, hypothetischen Ausdrucksweise niederschlägt. So entschleiern sich die lyrisch beschworenen Naturdinge als die inneren seelischen Gezeiten des Ich.

Das in Eichendorffs Lyrik vielfach variierte Motiv des

Aufbruchs bildet auch die Basis der beiden Gedichte *An die Oder* (bzw. *Jugendsehnen*, spätere Fassung) und *Der irre Spielmann*. Während im ersten Gedicht (bzw. seiner späteren Fassung) der Aufbruch von »frommer Sehnsucht« geleitet ist und »hoffnungsreich« ein »schöne[s] Leben« ansteuert, war es in *Der irre Spielmann* der »tolle, frevelnde Muth«, der den Aufbrechenden in die Fremde trieb, wo er – »von Sünde und Reue zerrissen die Brust« – den Untergang im Chaos sucht. Klaus Peters Analysen resümieren die im Aufbruchsmotiv hervortretende Spannung unter dem Titel »Utopie und Verzweiflung«. Sie machen zugleich evident, daß auch die Utopie nicht frei von Melancholie ist, denn Eichendorff entwirft den »hoffnungsreichen« Aufbruch im Medium der Erinnerung, zu einer Zeit, da sich bereits der drohende Verlust der ›Heimat‹ abzeichnete, die den Ausgangspunkt von *Jugendsehnen* (bzw. *An die Oder*) bildet. Noch einmal kann der zurückblickende Dichter sich mit der Sehnsucht der Jugend und ihrer Glückserwartung identifizieren, doch die zeitliche Ferne dazu wird schon in der ästhetischen Gestaltung des Gedichts greifbar: namentlich in der gleichsam entrealisierten Landschaft, wo die Gegenstände ihre scharfen Konturen verlieren und ineinander übergehen können, also jene mythische Einheit bilden, die auch der Erinnerung angemessen ist, wenn die Heimat nur mehr in der Gegenwart des Eingedenkens fortlebt.

Demgegenüber weist die expressive Sprache des irren Spielmanns mit ihren grell verzerrten Volksliedbildern auf eine Welt, die aus den Fugen ist. Die Verzweiflung des vom Wahnsinn bedrohten Spielmanns läßt ihn das »Ende der Welt« herbeisehnen, in dem er Ruhe zu finden hofft. Und doch entspringt diese Gefahr des Untergangs derselben Sehnsucht und Aufbruchsstimmung wie die glückverheißende Utopie. Klaus Peter macht auf diese gemeinsame Wurzel aufmerksam und nennt dafür biographische Anhaltspunkte bei Eichendorff. So scheint die Aufspaltung und Polarität des Sehnsuchts- und Aufbruchsmotivs in der Lebenserfahrung des Autors selbst begründet zu sein. Nur der Glaube kann die Heillosigkeit des mißglückenden Aufbruchs bannen und vor der damit einhergehenden Lebensverzweiflung schützen. Möglicherweise ist diese grundlegende Erfahrung des Autors Eichendorff seinem Spielmann, einem Dichter wie er selbst, noch zugänglich.

Eichendorffs ambivalente oder auch polyvalente Haltung zum einzelnen Motiv bezeugt sich eindringlich in seiner Darstellung des Eros. Gert Sautermeister bündelt Eichendorffs unterschiedliche, ja widersprüchliche Liebesarten zu zwei Oppositionspaaren. 1. Die lyrische Phantasie entwirft Bilder einer erotischen Lockung, auf die das Ich mit der Bereitschaft zur Hingabe, ja zur Selbstpreisgabe antwortet (*Lockung*). Solcher Ich-Entgrenzung opponiert der Entwurf einer Gattenliebe, die das Ich zur Selbstbegrenzung im Schoß der Familie anleitet (*An Luise*). 2. Die grenzensprengende ›Lockung‹ ist damit nicht für immer gebannt. Eichendorff versetzt sie aus dem Reich der nächtlichen Phantasie in die Lebenspraxis, dorthin, wo Eros seine unsublimierte Triebkraft entfalten kann: im Boudoir der Dirne (*Verlorene Liebe*). Diese Exkursion einer ›freien Liebe‹ wird durchmischt und durchkreuzt von der Erinnerung an eine tote Geliebte, so daß ein Widerstreit entsteht zwischen triebbestimmtem und nostalgischem, sublimiertem Eros. Als eine Gegenkraft zur verführerischen Lokkung der Nixe bzw. der Dirne läßt sich die religiöse Liebe verstehen, die der Mutter Gottes oder Gott selbst gewidmet ist (*Kirchenlied*). Hier zeichnet sich eine uralte Opposition ab: die zwischen einem archaisch-heidnischen und einem unsinnlich-christlichen Eros. Es charakterisiert Eichendorff, daß seine religiöse Alternative die Einwirkungen der sinnlich-körperlichen Liebe nicht verleugnen kann. Auch in der sublimierten Variante der christlichen Marienliebe schwingen die Ansprüche des heidnischen Eros unbewußt oder kaum bewußt fort.

Eichendorffs plurale Liebesarten ergeben ein Spektrum des romantischen Eros insgesamt. Erst wenn man ihre Polyvalenz bedenkt, entgeht man einer ›monogamen‹ Blickrichtung, wie sie gelegentlich in der Eichendorff-Rezeption noch anzutreffen ist. Es wird sich zeigen, daß auch der literarhistorische Begriff der Romantik einer Differenzierung und Ergänzung bedarf und daß Eichendorffs romantische Lyrik am Geist der Biedermeierzeit ebenso teilhaben kann wie an einer ›frührealistischen‹ Darstellungsart.

Mondnacht

Es war, als hätt der Himmel
Die Erde still geküßt,
Daß sie im Blütenschimmer
Von ihm nun träumen müßt.

Die Luft ging durch die Felder,
Die Ähren wogten sacht,
Es rauschten leis die Wälder,
So sternklar war die Nacht.

Und meine Seele spannte
Weit ihre Flügel aus,
Flog durch die stillen Lande,
Als flöge sie nach Haus.

(G 83)

Zwielicht

Dämmrung will die Flügel spreiten,
Schaurig rühren sich die Bäume,
Wolken ziehn wie schwere Träume –
Was will dieses Graun bedeuten?

Hast ein Reh du, lieb vor andern,
Laß es nicht alleine grasen,
Jäger ziehn im Wald und blasen,
Stimmen hin und wieder wandern.

Hast du einen Freund hienieden,
Trau ihm nicht zu dieser Stunde,
Freundlich wohl mit Aug und Munde,
Sinnt er Krieg im tückschen Frieden.

Was heut müde gehet unter,
Hebt sich morgen neugeboren.
Manches bleibt in Nacht verloren –
Hüte dich, bleib wach und munter!

(G 52)

Alexander von Bormann

Aufschwung und Untergang, Einklang und Dissonanz

Die Tages- und Jahreszeiten waren für die Lyrik – wie für die Alltagskultur – stets von hoher Bedeutung. Ein besonders nahes Verhältnis zur Natur zeichnete die Dichter bis ins Zeitalter der Romantik hinein aus. Karl Kraus hat es Heine übel genommen, daß er mit dieser Tradition gebrochen, den Naturlaut verraten, die Poesie modern gemacht habe. Schon zeitgenössisch war von Eichendorff darauf reflektiert worden, daß die Poesie »als niedre Magd zu Markte« geführt werde, in die Hände der Krämer gefallen sei, und er formuliert mit ritterlicher Geste: »Dort will ich nächtlich auf die Krämer lauern / Und kühn zerhaun der armen Schönheit Bande« (W 1,418). Die Dichtung, so lautet die bildlich formulierte These, ist in der Moderne, die als Zeitalter von Handel, Industrie und Kapitalismus angedeutet wird, unfrei geworden, anderen Bedingungen unterstellt; während ihr Wahrzeichen doch das freie Lied, die selbstbestimmte Aussage war. Das gilt ihm für die Naturpoesie wie auch für deren Aufhebung in der Kunstpoesie. Für die politische Lyrik wählt Eichendorff vor allem das Sonett, den Spruch, schließlich auch die Form des Versepos. Der Rückbezug vor allem der Liedform und des Madrigals auf die Naturlyrik hat eine verdeckt historische Dimension, die sich gleichwohl gut erschließt, wenn man der Verkettung seiner poetischen Formeln nachgeht. Diese sind in einem hohen Maße reflektiert und nichts weniger als naiv. So kann es auch nicht so schnell eine Überinterpretation seiner so wenig redseligen Gedichte geben.

Das Lied *Mondnacht* ist, wie auch das hier als Gegenstück zu interpretierende *Zwielicht*, durch Robert Schumanns Vertonung privilegiert worden. Es läßt sich von ihm, findet Adorno, »so schwer reden, wie, nach Goethes Diktum, von allem, was eine große Wirkung getan« (Theodor W. Adorno, S. 140). Adorno hebt auch die Bedeutung der Konjunktive in diesem Gedicht hervor, das ihm klingt, »als wäre es mit einem Bogenstrich gespielt«: Es »trägt das Gefühl der absoluten Heimat nur darum, weil es nicht unmittelbar die beseligte Natur meint, sondern mit einem Akzent unfehlbaren metaphysischen Takts bloß gleichnishaft ausgesprochen wird« (ebd., S. 112). Die drei Strophen zeigen das Ich in einer Landschaft, Stunde und Stimmung der Versöhnung, so weitgehend, daß es sich beinahe vergißt: als »Ich« nicht vorkommt. Das Naturbild steht in der Mittelstrophe, es ist die einzige ohne Konjunktive – eine Mondnacht im Sommer (die Ähren stehen schon hoch), in der alles zusammenstimmt. Es ist ein so zart wie deutlich gezeichnetes Bild, ganz ohne Kunstanstrengung hingeworfen. Die Reime wirken selbstverständlich, ja fast konventionell – Wälder / Felder, das gibt es in jedem zehnten Eichendorff-Gedicht. Die Bilder dieser Strophe (Felder, Wind, Ähren, Wälderrauschen, Nacht) sind wörtlich und zeichenhaft zugleich eingesetzt. Dabei ›verrät‹ die Zeichenbedeutung nie die wörtliche, sondern nimmt sie mit: Bildtechnisch spricht man dann von einer Metonymie – die Bilder grenzen ›natürlich‹ aneinander und sind doch offen für eine ihren Realismus übersteigende Lesart.

Eine solche wird in der ersten Strophe vorbereitet. Der

Kuß von Himmel und Erde ist ein Mythologem von höchst ehrwürdiger heidnischer Tradition (vgl. Schwarz; Bormann; Gockel). Eichendorff, der Christ, führt es indirekt, konjunktivisch gebrochen ein (»als hätt'«). Die Hochzeit von Uranos (Himmel) und Gaia (Erde) gehört zu den Ursprungsmythen und hat eine entsprechend reiche, wechselvolle Geschichte. Interessant ist zum Beispiel, daß Hesiod nicht das neuere Ehemodell, sondern eine noch ›matriarchalische‹ Lesart des Mythos anführt: »Gaia, die Erde, erzeugte zuerst den sternigen Himmel / Gleich sich selber, damit er sie dann völlig umhülle, / Unverrückbar für immer als Sitz der ewigen Götter.« (Hesiod, *Theogonie*, V. 126–128) In der (pseudo-)christlichen Übernahme des Mythos hat ›natürlich‹ der Himmel den Vorrang und die mittelalterliche Sehweise – Jesus als Bräutigam der menschlichen Seele – spielt mit herein; jetzt küßt der Himmel die Erde.

Die heilige Hochzeit, der *hierós gámos*, bedeutet den Ursprung der Welt, den Anfang der Kette des Seins, vergegenwärtigt als aufgerufenes Bild, als poetische Beschwörung eine vielleicht mögliche Einigung des Getrennten. Die Natur kritisiert bei Eichendorff die gesellschaftliche Entwicklung, erinnert an die ursprüngliche Einheit aller Wesen. Die Mondnacht meint so einen Moment des Stillstands in der Geschichte der Trennungen, deutet die Un-/Möglichkeit der Aufhebung von Entfremdungen äußerst diskret an: als Ausblenden des Tags, der als Ort von Geschichte begriffen wird.

Nimmt man die heilige Hochzeit von Himmel und Erde als Topos, so hat er in diesem Gedicht seine zarteste, taktvollste Realisierung gefunden. »still geküsst« (V. 2), das ist fast biedermeierlich prüde im Vergleich zur rüden Gewalt, mit der Uranos sich Gaia nahte (die, in »böser, listiger Abwehr«, ihren Sohn Kronos anstiftete, dem Vater »die Scham«, das Glied, abzusicheln [Hesiod, *Theogonie*, V. 160 ff.]). Der »weißliche Schaum aus unsterblichem

Fleisch«, der bei dieser Gelegenheit ins Weltmeer gelangt, erzeugt die Göttin, die »hehre, herrliche« Aphrodite, die deshalb auch »Schaumgeborene« heißt. So ist es nicht fern gesucht, wenn man den Blütenschimmer, in bräutlicher Sänftigung hier, sexuell/erotisch konnotiert liest. Eichendorffs Taugenichts-Erzählung kennt das Motiv gleichfalls: Der Taugenichts findet sich auf der Suche nach seiner schönen Gräfin vor einem Haus in Rom. Seine jugendliche Schönheit erweckt durchaus die Begier anderer Damen. Er träumt auf einer Hausschwelle, von einem warmen Sommerregen besprüht zu werden, es waren aber »lauter schöne bunte Blumen, so daß ich davon ganz überschüttet war« (W 2,530).

Der Blütenschimmer deutet aufs Frühjahr, die Ähren der zweiten Strophe auf den Sommer, das Heimwärtsfliegen des Seelenvogels auf den Herbst. Die (vorsichtige) jahreszeitliche Folge der Bilder zeigt einmal mehr deren Anlehnung an ein Naturmodell, von dem auch Eichendorffs Poetik ausgeht (vgl. von Bormann). Sie übergreift es freilich regelmäßig in Richtung Kunstpoesie. Oskar Seidlin hat darauf hingewiesen, daß von einer ›mystischen Vereinigung‹ von Himmel und Erde nicht die Rede sein könne – die Konjunktive stehen dagegen: Die »Vereinigung von Oben und Unten« erscheint im Anfang des Gedichts »sprachlich als ein Irrealis, nur als ein Bild«. So schließe die Perspektive in Eichendorffs Naturbildern »den pantheistischen Monismus von phänomenalem und absolutem Bereich, von Erscheinung und Substanz« aus. »Seine Natur und Landschaften [...] haben die Natur einer Chiffre, die das eigentliche Wahre ahnen läßt« (Seidlin, S. 47). Das Dichten wird bei Eichendorff denn auch weniger als Arbeit gesehen (wer so denkt, im Roman *Ahnung und Gegenwart*, ist ein Faber, ein Macher), denn als Ergebnis einer glückhaften Einheit. Von Friedrich heißt es im Roman: »Seine Seele befand sich in einer kräftigen Ruhe, in welcher allein sie imstande ist, gleich dem unbewegten Spiegel eines Sees, den Himmel in sich aufzunehmen.« (W 2,130) Diese Denkfigur, dem *hierós gámos* nachgebildet, wird dort als Basistheorem einer romantischen Dichtung entwickelt.

Daß das kleine Lied äußerst kunstvoll gebaut ist, läßt sich u. a. mit einem Hinweis auf seine emblematische Fügung zeigen. Das Emblem meint einen dreiteiligen Bildaufbau, ist eine ursprünglich für ein weitgehend analphabetisches Publikum entworfene Bildtechnik (Armenbibel, Kinderbücher, Bildzeitung) – zu einer Überschrift treten Bilder, die dann erläutert werden. Das Gedicht beginnt mit dem Motto, dem von der Tradition informierten Titelspruch, hier Strophe eins, die das Thema der heiligen Hochzeit, der Vereinigung des Irdischen mit dem Überirdischen, anschlägt. Strophe zwei bringt die Pictura, den Bildteil, volkstümlich auch in der Syntax gehalten, eine Darstellung, die den Leser ansprechen, ihn in den Text einlassen und hineinziehen soll. Die Bilder einer emblematischen Fügung sind fast immer der Tradition entnommen, legen nicht Wert auf Innovation, sondern auf Kenntlichkeit, sollen nachvollziehbar sein.

Die dritte Strophe bringt dann die Subscriptio, die Erläuterung, welche dem Bild die erweiterte Lesart hinzufügt, die Rezeption auf eine eigene Spur lenkt. Hier ist es der Hinweis auf den Seelenvogel, ein Bild aus mythischer und emblematisch vermittelter Tradition. Der Körper (soma) ist, Platons Kratylos zufolge, das Gefängnis (sema) der Seele. Das wird in den Emblembüchern durch den Vogel im Käfig versinnbildlicht, der auf seine Befreiung wartet. Die Einheit, für die hier eine altertümlich-heil wahrgenommene Natur steht, ist dem Menschen im Tode erreichbar oder, freundlicher interpretiert, im Seelenaufschwung, der die jenseitige Einheitserfahrung vorwegzunehmen vermag.

Ein trauriges Gedicht also? Keiner wird es so wahrnehmen. Eichendorff kannte sehr wohl die Einwände gegen orthodoxe Denkfiguren und teilte sie. Der barocken Frömmigkeit und ihrer Bereitschaft, Tod fast umstandslos aufs Ende aller Not zu reimen, war er recht fern. Christus galt den Romantikern als der Bringer des Lebens, Sohn des Schöpfergottes, der alles lebendig macht. Dazu gehört unverbrüchlich die Überzeugung vom Kreislauf des Lebens, die auch die zirkuläre Struktur von Eichendorffs Romanen und Erzählungen begründet. Auch hier sind Himmel und Zuhause identisch, ist das Gedicht also technisch als Kyklos (Verschlingung von Anfang und Ende) ansprechbar.

Jede Phase, so hat es Herder formuliert, muß für sich zu Ende gelebt sein, bevor die nächste ihr Recht gewinnt. Das ist hier in den Bildern aufgehoben, die, zart genug, an den Ablauf der Jahre und Zeiten erinnern, so daß der Heimflug der Seele nichts weniger als ein Abbruch ist. Der Titel erinnert daran, daß es um einen erfüllten Moment geht, jenen Ausgleich, den Mörike, mit leicht biedermeierlicher Färbung, als Gleichgewicht von Tag und Nacht gefaßt hat, wo »die goldne Waage nun der Zeit in gleichen Schalen stille« ruht (Eduard Mörike: *Gelassen stieg die Nacht an Land*). Auch hier ist der *hierós gámos* angedeutet. Die Nacht steigt ans Land, was sie dem Meer zuordnet; auch ist sie die Mutter der Quellen. Sie möchte deren Schlummerlied nicht hören, vielmehr der Vereinigung mit Uranos (darauf deuten die Synästhesien) nachsinnen: »Ihr klingt des Himmels Bläue süßer noch, / Der flücht'gen Stunden gleichgeschwungenes Joch.« Der Himmel, der sich im Meere spiegelt und diesem sein Blau mitteilt, ist eine poetische Reminiszenz an die heilige Hochzeit der Elemente, für welche Mörike die Mitternacht, Eichendorff eine Mondnacht einsetzt.

Wichtig sind, wie bemerkt, die Konjunktive. Sie sind nicht nur als eine Distanzierung des Christen Eichendorff vom heidnischen Mythologem des *hierós gámos* zu nehmen. Vielmehr deuten sie genauer, strenger auf das Bewußtsein der eigenen Epoche zurück, die einen solchen

Einstand der Zeiten und Gewalten kaum mehr zuläßt. Eichendorffs Lieblingsvokabel für die Beschreibung der Zeitverfassung lautet ›Zerrissenheit‹. Deren Überwindung ist für ihn nur konjunktivisch möglich: im Glauben, in der Andeutungsrede der Poesie, im politischen Engagement für eine (aussichtslose) Versöhnung der Positionen, für einen futurischen Standpunkt jenseits der Parteien.

So imaginiert auch dieses Gedicht die Versöhnung von Diesseits und Jenseits in Bildern, die von den Anführungszeichen des »Als ob« umstellt sind. Deren Rückbindung an die Indikative der Mittelstrophe verweist auf Eichendorffs lyrischen Glauben an die Aussagekraft der Naturbilder: »Nichts ist so trüb in Nacht gestellt, / Der Morgen licht macht's wieder gut.« (*Hinaus, o Mensch* … W 1,157) In *Mondnacht* wird diese Trostfolge Nacht / Morgen überboten: Die sternklare Nacht steht selber gegen alle Trübheit ein und erlaubt dem der (emblematischen) Natur überantworteten Ich das Gefühl des Fliegens. Das wird modalisiert: Es ist nicht als *elevatio* gemeint, als Aufschwung zu Höhen ungeahnter Erkenntnis – ein dithyrambisches Motiv (vgl. Friedrich Schiller: *Die Herrlichkeit der Schöpfung*; Friedrich Hölderlin: *Patmos*); sondern es wird als Bild einer Heimkehr in jene Welt des Einsseins aufgerufen, die Hölderlins Hyperion so emphatisch beschworen hatte: »Eines zu seyn mit Allem, das ist Leben der Gottheit, das ist der Himmel des Menschen.« Hölderlin weiht dem Thema eine kleine Dithyrambe: »Eines zu seyn mit Allem, was lebt, in seeliger Selbstvergessenheit wiederzukehren in's All der Natur, das ist der Gipfel der Gedanken und Freuden, das ist die heilige Bergeshöhe, der Ort der ewigen Ruhe, wo der Mittag seine Schwühle und der Donner seine Stimme verliert und das kochende Meer der Wooge des Kornfelds gleicht.« Unzertrennlichkeit und ewige Jugend beseligen, verschönern hiernach die Welt (*Hyperion*, S. 8 f). Demgegenüber wirkt Eichendorffs Lied weniger enthusiastisch, vorsichtiger, konjunktivisch eben.

Auch zu bedenken ist, daß Hölderlin der Begeisterung seines Helden gleich die tiefe Depression folgen ließ: »Auf dieser Höhe steh' ich oft, mein Bellarmin! Aber ein Moment des Besinnens wirft mich herab.«

Die *Mondnacht* ist als Lied gebaut. Das schließt Wehmut nicht aus, wohl aber das ekstatische Hin und Her / Auf und Ab von Begeisterung und Enttäuschung. Historisch und formsemantisch ist Eichendorffs Liedkunst ein ›Intermezzo‹: Sie trägt sich zurückhaltend vor, weiß, daß sie vergangen ist (alt-schön), daß sie eher zu sich als öffentlich spricht, allenfalls zur Liebsten. Die zweite Strophe von *Intermezzo*, auch von Schumann vertont, lautet:

Mein Herz still in sich singet
Ein altes, schönes Lied,
Das in die Luft sich schwinget
Und zu dir eilig zieht.

(G 15)

In diesem Sinne können wir auch die Bilderinnerung an den Ausgleich von Himmel und Erde und den heimfliegenden Seelenvogel als Intermezzo nehmen: als Beschwörung eines Moments, der sich zwischen die Zeiten schiebt, worin er keinen Raum hätte.

Eichendorffs Vorsicht, die aus den Konjunktiven von *Mondnacht* spricht, war sozusagen gut informiert. Ein Ausgleich der Gegensätze, die für ihn Geschichte und Gegenwart bestimmen, scheint ihm nicht ohne weiteres möglich, ist nur als Aufgabe zu formulieren. Er weist die Wiederversöhnung des »furchtbaren Zweispalts«, der »seit dem Sündenfalle« die menschliche Natur und ihr Handeln bestimmt, dem Christentum zu: »Es geht durch die ganze Geschichte, neben der unabweisbaren Sehnsucht nach Erlösung, eine Opposition des menschlichen Trotzes und Hochmuts, ein uralter, mehr oder minder verhüllter Protestantismus, der selbst und aus eigener Kraft und Machtvollkommenheit das Erlösungswerk zu übernehmen sich vermißt.« (W 6,876) Die »Grundmelodie« des Lebens, »als hörte die Seele in der Ferne unaufhörlich eine große, himmlische Melodie, wie von einem unbekannten Strome, der durch die Welt zieht« (*Ahnung und Gegenwart*, W 2,374), ist immer wieder ausgesetzt – Dissonanzen bestimmen Eichendorff zufolge die Gegenwart, und das reicht bis ins Subjekt hinein, dessen Verstörungen er regelmäßig gestaltet.

Als eine solche Verstörung müssen wir das empfundene Grauen in den *Zwielicht*-Versen nehmen. Mag es den »zerstörerischen Gang der Verhältnisse« reflektieren, auffällig ist doch, wie weit Eichendorff diesen in den Kern des Subjekts vordringen läßt: Dem Freunde muß mißtraut werden und keiner ist vor Untergang gefeit. Es ist kurzschlüssig, ihn zum Dichter der Naturfrömmigkeit oder eines blinden Gottvertrauens, zum Sänger von Wander- und Liebesliedern zurückzustutzen. »Aus voller Kehl' und frischer Brust« kommen nur wenige seiner Lieder. So stellt das düstere Gedicht *Zwielicht* auch nicht eine Ausnahme in seinem Werk dar. Zwar setzt Eichendorff der »stets betrogenen«, geschäftigen Welt wiederholt den grünen Wald mit seines »Ernsts Gewalt« (*Abschied*; G 14 f.) entgegen, aber ähnlich wie *Zwielicht* sprechen auch andere Gedichte die mit Wehmut vollzogene Einsicht aus, daß »die langsam zersetzende und zerstörende Gewalt der Verhältnisse« (*Dichter und ihre Gesellen*, W 3,108) auch die ausgesparten Stellen (Natur, Liebe, Freundschaft) erreicht. Zur Wehmut tritt der Appell, der so gar nicht zum ›romantischen‹ Duktus des Gedichts passen will: »Hüte dich, bleib wach und munter!« (V. 16) Er ist modern, weil er den einzelnen anspricht, überkommene Idealbilder (von Geborgenheit in Land- und Adelsleben, in Redlichkeit, Ehre und Rechtlichkeit) zweifelhaft werden läßt – sie stellen keine Position mit Zukunft dar. Das »Hüte dich« ist auch zum Dichter gesprochen. »Wenn alles um ihn her zerfällt«, bleibt er doch »das Herz der Welt« (*Ahnung und Gegenwart*, W 2,377). Die Schlußzeile nimmt ihn denn auch von der Nachtverlorenheit aus. Wach und munter – das hat ein eigenes Gewicht und verweist u. a. auf zeitgenössisch informierten Sprachgebrauch, wonach die auszeichnende Bestimmung des Menschen mit »Besonnenheit« zu umschreiben sei (Herder, Goethe).

Die große Kraft und der Zauber dieser Lyrik liegen darin, daß die geschichtsphilosophischen Konstruktionen, die Eichendorff unermüdlich in seinen literaturpolitischen Schriften entfaltet, hier nur ganz abgetönt erscheinen. Sie sind präsent, aber in größter Dezenz. Es ist gleichwohl gut, auf sie mit achtzugeben, damit man diese Gedichte nicht als bloße Stimmungslyrik mißversteht.

Mit seinem großen Eingangsbild fängt *Zwielicht* dort an, wo *Mondnacht* aufhörte. Wie dort die Seele, so kann hier die Dämmerung die Flügel spreiten. (Für Hegel war das ein Bild für die Spätzeit der menschlichen Kultur, ihre letzte, die philosophische Phase, die Eule der Minerva hebt nur zur Dämmerung ihren Flug an.) Es ist ein besonders scharfer Akzent, mit dem hier der Abend auf »Grauen« eingestellt wird. Die Erinnerung an die romantische Geschichtsphilosophie sollte davor behüten, das als Anklang an die Schauerromantik zu lesen. Es ist ein Gedicht, das die friedlichen Abendgedichte, die es auch bei Eichendorff gibt, relativiert. Die Nacht bleibt unheimlich, zumal in der Natur: »Die Nacht bedecket die Runde, / [...] Und mich schauert im Herzensgrunde«, so schließt das Gedicht *Im Walde* (G 32). Die Dämmerung steht am Eingang der Nacht, eine ungewisse Zeit. So hat Eichendorff auch in den politischen Schriften immer wieder seine als Übergangszeit begriffene Epoche gekennzeichnet.

Schwere Träume, Schauer und Grauen – damit wird eine Stimmung aufgerufen, die mehr als ein Zeitbild meint, die zugleich tief in das Subjekt eingreift, einschneidet. Der Jugendliche ist für Eichendorff voll kecken Muts, jubelnd und hoher Vorsätze voll, daß den anderen Sinnen und Herz lachen (*Frühlingsfahrt*, G 61). Voll Gottvertrauen zieht der Taugenichts in die Welt und will sein »Glück machen«. In *Zwielicht* spricht eine erwachsene Stimme, von Erfahrungen gebeutelt. Im Roman *Ahnung und Gegenwart* steht das Lied an der entscheidenden Stelle, wo der Held Friedrich seine Braut Rosa an den Prinzen verlieren wird. Das Lied ist mit allen Motiven in die Erzählung eingebunden, aber man kann auch umgekehrt argumentieren: Eichendorffs Erzählen folgt zentralen Motiven, die bei ihm Poesie und Prosa und Geschichtsphilosophie gleichermaßen organisieren, wenn auch die Gattungsunterschiede nuanciert im Auge behalten werden.

Der Taugenichts hatte Glück. Eichendorff hat hierfür dem (spanischen) Picaro-Roman eine idyllische Wendung gegeben, ihn in die Märchenform transponiert. Viele andere Personen seines Erzählwerks haben das nicht, gehen unter, ohne sich »neugeboren« zu heben, bleiben in der Nacht (des Wahnsinns, des Todes, der Selbstpreisgabe) verloren.

Das Gedicht ist dreiteilig gegliedert: Die erste und die letzte Strophe rahmen die parallel gebauten Mittelstrophen ein. Wenn man will, kann man wieder eine emblematische Struktur wahrnehmen: Titel und erste Strophe bilden dann das Motto, die Inscriptio »Zwielicht«. Die Bilder der Mittelstrophen (Pictura) stellen Erfahrungen aus, an die sich der Leser anschließen kann oder soll; es sind, wie es zur Tradition des Emblems gehört, gedeutete, sinnmächtige Bilder. Die Schlußstrophe fungierte dann quasi-epigrammatisch als Subscriptio, als Fazit aus den Bildern. Wird sie diesem Anspruch gerecht?

Die erste Strophe endet mit einem Fragezeichen – die Bedeutung des Grauens, das die schaurige Natur aufruft, ist unklar. Die letzte Strophe endet mit einem Ausrufezeichen: Hat sich etwas geklärt? Nichts weniger. Vielmehr kommt es zu einer Überbietungsgeste, die (nicht nur) für Eichendorff recht kühn ist. Traditionell wäre der Schluß: »Was heut müde gehet unter, / Hebt sich morgen neugeboren.« (V. 13/14) Das wäre eine Anknüpfung an alte Weisheitslehren und gediegenes Volksvermögen. Man kann auch den Palingenesiegedanken bemühen, der Platon/Herder/Goethe zufolge den Menschen dem Reich der Natur so zuordnet, daß er teil an deren Bewegung und Verheißung, der Dauer im Wechsel habe.

Orientiert ist das Bild am Sonnenlauf, der auch im geistlichen Lied eingeübten Gewißheit, daß »des Herren Gnad und große Treu« alle Morgen »frisch und neu« (Evangelisches Kirchen-Gesangbuch, S. 336) ist, daß alle Dunkelheit (Elend, Unheil, Gottesferne) nur von (sehr) zeitlicher Art ist. »Die Werk der Finsternis sind grob / und dienen nicht zu deinem Lob; / die Werk des Lichtes scheinen klar, / dein Ehr sie machen offenbar.« (ebd., S. 337) »Mein Haupt und Glieder, / die lagen darnieder«, heißt es bei Johann Georg Ebeling 1666. Das Lied (ebd., S. 346) setzt fort: »Aber nun steh ich bin munter und fröhlich, / schaue den Himmel mit meinem Gesicht.« Es mag deutlich sein, daß Eichendorffs Anruf »wach und munter« eine stark geistliche Konnotation hat: »und erweck uns Herz und Mut / bei entstandner Morgenröte, / daß wir, eh wir gar vergehn, / recht auferstehn« (ebd., S. 349). Auch an Philipp Nicolais berühmtes »Wachet auf« (1599) darf gedacht werden. Die Nacht ist dem geistlichen Lied die Zeit des Bösen und der unreinen Geister (ebd., S. 356), »trüb« heißt sie, wogegen der Dichter, Johann Rist (1642), den Anruf stellt: »Werde munter, mein Gemüte« (ebd., S. 360). Man erinnere sich der Eichendorff-Zeilen: »Nichts ist so trüb in Nacht gestellt, / Der Morgen licht macht's wieder gut.«

Dieser religiös begründeten Zuversicht gegenüber wirkt die vorletzte Zeile wie ein Keulenschlag. »Morgen neugeboren« (V. 14) auf »in Nacht verloren« (V. 15) zu reimen und beides gleich gültig nebeneinander stehen zu lassen, dazu gehören eine unbedingte Ehrlichkeit, die sich ihre Erfahrungen nicht wegdisputieren läßt, und auch ein religiöser, philosophischer Mut, waren doch Glaube und Wissen in der Kunstperiode ganz auf die endliche Rettung eingestellt, wie der Schluß der »Faust II«- Dichtung am genauesten belegt. Diese Zeile ist wie beiseite gesprochen und der Gedankenstrich deutet an, daß hier noch weiterzudenken wäre.

So ist die Schlußzeile zwar motiviert: Sie bricht diesen Gedanken ab, der die Stimmung des Liedes grundiert. Damit wiederholt sie den Aufbau der vorigen Zeilen: »gehet unter / neugeboren« (V. 13/14) – dem entspricht nun »verloren / Hüte dich« (V. 15/16). So macht der Schluß deutlich, daß das »neugeboren« kein Naturgesetz ist, sondern Aufmerksamkeit verlangt, Wachsamkeit gegenüber den Mächten. (Eichendorff repristiniert in diesem Zusammenhang gern die Figur des Ritters.) Es ist geistreich, daß Schumann dieses Lied als kontrapunktisches Gewebe komponiert hat, als »produktive Umdeutung Bachs« (Adorno, S. 142) und daß er die Schlußzeile rezitativisch gefaßt hat, als einen Zuruf, der sich vielleicht auch gegen das Lied als Romanze kehrt. Diese öffnet Herz und Gemüt dem Nächtigen: »Stimmen gehen durch die Nacht«, heißt es in der Romanze der Griechin, die Florio im *Marmorbild* zu verführen sucht, und auch: »Wissen darf es nicht der Morgen!« (*Über die beglänzten Gipfel.* G 70) Dagegen steht dann das Lied des »rüstigen Sängers« Fortunato, dessen Töne den Bann der Verführung brechen, und das geistliche Lied des Arbeiters, dem Florio heimkehrend begegnet: »Vergangen ist die finstre Nacht, / Des Bösen Trug und Zaubermacht« (J. v. Eichendorff, *Das Marmorbild. Das Schloß Dürande*, Stuttgart 1989, S. 42).

Wir tun also gut daran, den Zuruf »Hüte dich!« (V. 16) so ernst wie möglich zu nehmen. Ein Großteil der Dichtung und literaturpolitischen Schriftstellerei Eichendorffs läßt sich als ein solcher Zuruf verstehen. Der gilt nicht nur den »Trägen, die zu Hause liegen«, sondern mehr noch den durch alles Nächtige Gefährdeten. Hierzu zählt Eichendorff den unbeherrschten Eros (Sexus), den Narzißmus und die Melancholie der in ihr eigenes Dunkel Versunkenen, den Trotz der dämonischen Naturen, die ihre Kraft nicht einem Höheren unterstellt haben. Regelmäßig fügt er seinen Analysen von zerrissenen Naturen (z. B. Kleist) den Zuruf hinzu: »Hüte Jeder das wilde Tier in seiner Brust, daß es nicht plötzlich ausbricht und ihn selbst zerreißt!« (W 6,227) Im Ausdruck »munter«, wie er vom geistlichen Lied konturiert wurde, müssen wir Keckheit (Kraft als Naturanlage) und Besonnenheit (Kraft als überlegene Haltung) zusammendenken, wie es auch der Sprachgebrauch nahelegt.

Es ist viel, was die Schlußzeile verlangt, aber es ist auch wirklich viel, was ihr entgegensteht: das Abjagen der Liebsten, der Verlust der Orientierung, die Tücke des Freundes, Bilder für eine Zeiterfahrung, in der nichts mehr gilt, wie es war. »Wach und munter« (V. 16) ist denn auch als Moral gegen den zeitgenössischen Kult des Nächtigen, Tiefen, Dunklen, Chthonischen gesetzt, der im 18. Jahrhundert als englische Mode aufkam, in der Hoch- und Spätromantik (dann auch in der Philosophie von Schopenhauer und Nietzsche) eine eigene Geltung und Würde bekam. Vielleicht ist ja die vorletzte Zeile die Keimzelle dieses Gedichts gewesen: »Manches bleibt in Nacht verloren« (V. 15). Die Wehmut, die über so vielen Texten Eichendorffs liegt (auch wo sie fast idyllisch erscheinen mögen), und auch deren Widerspenstigkeit gegenüber simplifizierenden, erfahrungsschwächenden Glaubensformeln entspringen dieser Einsicht. Sie hat sowohl die Zeit, den rücksichtslosen Übergang in die Moderne, wie den Einzelnen, dem zu viel an ›Bewältigung‹ abverlangt wird, vor Augen. Sie muß nicht als Resignation, sondern kann auch als Warnung vor der Überforderung des Menschen genommen werden.

Literaturhinweise

Adorno, Theodor W.: Zum Gedächtnis Eichendorffs. Coda: Schumanns Lieder. In: Th. W. A.: Noten zur Literatur. Frankfurt a. M. 1958.

Bormann, Alexander von: Natura loquitur. Naturpoesie und emblematische Formel bei Joseph von Eichendorff. Tübingen 1968 (Studien zur deutschen Literatur 12.).

Evangelisches Kirchen-Gesangbuch. Ausgabe für die Landeskirchen Rheinland, Westfalen und Lippe. Gütersloh o. J.

Frühwald, Wolfgang: Die Erneuerung des Mythos. Zu Eichendorffs Gedicht Mondnacht. In: Gedichte und Interpretationen: Klassik und Romantik. Hrsg. von Wulf Segebrecht. Stuttgart 1984.

Gockel, Heinz: Mythos und Poesie. Zum Mythosbegriff in Aufklärung und Frühromantik. Frankfurt a. M. 1981. (Das Abendland NF 12.).

Graevenitz, Gerhart von: Mythos. Zur Geschichte einer Denkgewohnheit. Stuttgart 1987.

Hesiod: Theogonie. Deutsch von Thassilo von Scheffer. Wiesbaden 1940/47.

Hölderlin, Friedrich: Hyperion. Stuttgarter Ausgabe Bd. 3. Stuttgart 1957.

Schwarz, Peter: Die Bedeutung der Tageszeiten in der Dichtung Eichendorffs. Diss. Freiburg i. Br. 1964.

Seidlin, Oskar: Versuche über Eichendorff. Göttingen 1965.

Wiora, Walter: Das deutsche Lied. Zur Geschichte und Ästhetik einer musikalischen Gattung. Wolfenbüttel/Zürich 1971.

Abschied

O Thäler weit, o Höhen,
O schöner, grüner Wald,
Du meiner Lust und Wehen
Andächt'ger Aufenthalt!
Da draußen, stets betrogen,
Saust die geschäft'ge Welt,
Schlag' noch einmal die Bogen
Um mich, du grünes Zelt!

Wenn es beginnt zu tagen,
Die Erde dampft und blinkt,
Die Vögel lustig schlagen,
Daß dir dein Herz erklingt:
Da mag vergehn, verwehen
Das trübe Erdenleid,
Da sollst du auferstehen
In junger Herrlichkeit!

Da steht im Wald geschrieben,
Ein stilles, ernstes Wort
Von rechtem Thun und Lieben,
Und was des Menschen Hort.
Ich habe treu gelesen
Die Worte, schlicht und wahr,
Und durch mein ganzes Wesen
Ward's unaussprechlich klar.

Bald werd' ich dich verlassen,
Fremd in der Fremde gehn,
Auf buntbewegten Gassen
Des Lebens Schauspiel sehn;
Und mitten in dem Leben
Wird deines Ernst's Gewalt
Mich Einsamen erheben,
So wird mein Herz nicht alt.

(SW 1/1,34 f.)

Warnung

Aus ist dein Urlaub und die Laut' zerschlagen,
Nachts aus der stillen Stadt nun mußt du gehen,
Die Wetterfahnen nur im Wind sich drehen,
Dein Tritt verhallt, mag Niemand nach dir fragen.

Doch draußen waldwärts, wo du herstammst, ragen
Die Zinnen noch der goldnen Burg, es gehen
Die Wachen schildernd auf dem Wall, das Wehen
Der Nacht bringt ihren Ruf in's Land getragen.

Der Engel dort mit seinem Flammendegen
Steht blankgerüstet noch, das Thor zu hüten,
Und wird dich mit den ernsten Blicken messen,

Die manches Herze schon zu Asche glühten.
Hast du Parol' und Feldgeschrei vergessen:
Weh! wo nun willst dein müdes Haupt hinlegen?

(SW 1/1,335 f.)

URSULA REGENER

Von einem, der auszog …

Abschied und *Warnung* konvergieren zwar in ihrer Motivik, scheinen aber ansonsten so weit auseinanderzuliegen, daß eine vergleichende Interpretation nur Disparates zu Tage zu fördern verspricht. *Abschied* gehört zu den prominentesten Eichendorff-Gedichten. Zugunsten dieses vermeintlich strahlenderen Bildes wird *Warnung* von Rezeption und Forschung bereitwillig übergangen. *Abschied* stammt aus der ersten Abteilung der Gedichtsammlung (*Wanderlieder*), *Warnung* aus der vorletzten (*Geistliche Gedichte*). *Abschied* ist entstehungsgeschichtlich noch beinahe der Jugendlyrik (1810) zuzuordnen, *Warnung* transportiert mit seiner militanteren Metaphorik schon den Rigorismus des Alterswerkes. Der Pessimismus eines Heimkehrers wider Willen hier versetzt jedenfalls der dort zum Ausdruck kommenden hoffnungsvollen Aufbruchsstimmung einen nicht unerheblichen Dämpfer. Liegen die Gedichte wirklich so weit auseinander?

Obwohl, vermutlich aus Gründen der Einbindung des Gedichtes in *Ahnung und Gegenwart*, ein grüner Frühlingswald adressiert ist, nimmt die Forschung an, daß die Niederschrift von *Abschied* im Zusammenhang mit Eichendorffs Aufbruch von Lubowitz nach Wien im Oktober 1810 erfolgte (SW 1/2,73, Lindemann, S. 122; Wilke, S. 165–168). 1837 wurde das Gedicht der Abteilung *Wanderlieder* zugeordnet. Gleichzeitig also mit frühen Zeitgedichten wie *Heimkehr*, *Zorn*, *Symmetrie*, *Gebet*, *Mahnung*, *An die Meisten* und *Der Jäger* Abschied (SW 1/1,141–151) entstanden, ortet es im Gegensatz zu diesen die Bildkomponenten des Waldes im privaten Bereich, im »Herzen« (V. 32).[1]

Die erste Strophe apostrophiert den Wald als von der »stets betrogene[n]« »geschäft'ge[n] Welt« (V. 5/6) abgegrenzte autonome Zone (vgl. die Walddeutungen von Friederici, S. 93 und Fröhlich, S. 120). Diese Definition ist schon in der Sinnbildkunst des 16. und 17. Jahrhunderts überliefert, wo der Wald u. a. für die Einsamkeit des Dichters steht: »Sylva placet musis / Secessus praeclari aliquid meditantibus apti. / Namque boni in streptiu quid cecinisse queas?« (»Der Wald gefällt den Musen / Die Einsamkeit ist der rechte Ort für Menschen, die einer großen Sache nachsinnen; denn was könnte man im Lärm der Welt

1 Vgl. die Interpretation von Walter, S. 63–86.

Gutes singen?« In: Emblemata, Sp. 876.) Literarisch ist das Emblem vor allem durch Gryphius' Sonett *Einsambkeit* tradiert. Daß die Wahl dieses Aspekts eine Möglichkeit unter vielen ist,[2] zeigt ein Blick auf Eichendorffs ebenfalls im Zusammenhang mit Ahnung und Gegenwart entstandene Romanze *Waldgespräch* (SW 1/1,366 f.).

Die Eingangsverse von *Abschied* spezifizieren den Wald zusätzlich durch eine bemerkenswerte Lokalisierung. Durch die Abgrenzung gegen »Da draußen« erscheint der Wald als idyllischer Innenraum, der – ähnlich dem Kirchhof in Elegien des 17. und 18. Jahrhunderts[3] – als Kombination von locus amoenus und locus veritatis zu beschreiben ist.

So traditionsbewußt sich Eichendorff hier zeigt, so sehr ist er auch fähig, die festgeschriebene Bedeutung zu modifizieren. Jedenfalls erscheint das lyrische Ich in den Zeilen »Du meiner Lust und Wehen / Andächt'ger Aufenthalt!« (V. 4 f.) und »Schlag' noch einmal die Bogen / Um mich, du grünes Zelt!« (V. 7/8) in Waldesgröße bzw. umgekehrt der Wald in Ich-Größe. Das Bewußtsein des Ich und das des anthropomorphisierten Waldes scheinen sich zu entsprechen. Der Wald bedeutet nicht mehr und nicht weniger, als das lyrische Subjekt aus seinen aufrichtigsten Stunden weiß.

Was weiß es? »Lust und Wehen« sind emotionale Größen. Sie werden in der fünften, im Druck weggelassenen Strophe der handschriftlichen Fassung noch um Denken und Leiden ergänzt (»Dir giebt nicht Ruhm, noch Nahmen, / Was ich hier dacht' und litt«, SW 1/2,76, V. 33/34). In Anlehnung an Eichendorffs ästhetizistische Lyrik aus den

2 Alexander von Bormann hat erotische, soziale, politische und mythische Konnotationen des Waldmotivs im Volkslied ausgemacht; von Bormann 1984, S. 313 f.

3 Johann Christian Günther: »Als er ohngefehr auf dem Kirchofe mit seiner Leonore zusammenkam«; Thomas Gray: *Elegie Written on a Country Churchyard*; Ludwig Heinrich Christoph Hölty: *Elegie auf dem Dorfkirchhof*, *Elegie auf einem Stadtkirchhof*.

Heidelberger Jahren (vgl. *Anklänge*. V. 1–4., *Jugend-Andacht*) steckt das antithetische Gespann »Lust und Wehen« den Spielraum der emotiven Fähigkeiten des Ich ab, die es nur in der Einsamkeit des Waldes, bei der emblematisch verbürgten Gelegenheit, Höherem nachzusinnen, entfalten kann. So innerlich-subjektiv verstanden, geraten »Lust und Wehen« und auch Denken und Leiden in einen Gegensatz zu öffentlich-pragmatischen Verhaltensweisen. Diese sind bildtopographisch nicht nur »Da draußen«, sondern auch auf einer horizontalen Achse angesiedelt, während »Lust und Wehen« (resp. Denken und Leiden) zusammen mit dem »Ernst« (V. 30) nicht nur im Inneren des ›Bogens‹, sondern auch auf der Vertikalen gedacht werden müssen, wie die Verben »auferstehen« (V. 15) in Strophe zwei und »erheben« (V. 31) zum Gedichtschluß vermitteln.

Gleichwohl wird der ästhetizistischen Dichtungsauffassung, die Eichendorff unter dem Einfluß Loebens gepflegt hatte, eine Absage erteilt, wie sie entschiedener nicht sein könnte. Wie in den genannten Zeitgedichten aus dem Jahr 1810 will das lyrische Ich in die Fremde (u. a. die Befreiungskriege) ziehen. In der aktiven Teilnahme am Weltgeschehen und nicht mehr allein in der kontemplativen Schau sieht es seine Aufgabe und Bestimmung. Die Waldmetaphorik, die in den Zeitgedichten noch ausschließlich politisch konnotiert war, wird jedoch zugleich internalisiert und ausgeweitet, indem Eichendorff ihre allegorische Bedeutung in eine symbolische verwandelt. Die emotionale Selbstgewißheit, die sein lyrisches Ich im Wald gefunden hat, garantiert ihm in *Abschied* subjektive Richtwerte für sein zukünftiges Weltverhalten. Daß es sich um ein Dichter-Ich handelt, indiziert die oben erwähnte fünfte handschriftliche Strophe. »Die Lieder, wie sie kamen« und die dann in den Strom und das Rauschen eingehen, (vgl. *Wehmuth*, SW 1/1,76–78) müssen von diesem Ich stammen (ebd., V. 35–37).

Mit dem Waldbewußtsein findet Eichendorff zu einer

Identität und Authentizität sichernden Alternative zu dem vom Befremden gegenüber dem Treiben der Menge geprägten Bewußtsein, das für seine bisherige Gestaltung lyrischer Subjektivität charakteristisch war. Wie beim Morgenrot die vorangehende und folgende Nacht von Eichendorff stets mitgedacht ist, so ist jedoch diese Erfahrung des Fremdseins für die Erfahrung der eigenen Identität konstitutiv und wird im Gedicht als zwingend folgend beschrieben. Die Frage lautet aber nach wie vor, wie einer Augenblickserfahrung Dauer zu verleihen ist.

In der zweiten Strophe wechselt die Rede unvermittelt ihre Richtung. Es spricht nicht mehr das Ich zum Wald, sondern es selbst wird Adressat der Rede. Ob man hier davon ausgeht, daß der Wald zum lyrischen Ich oder davon, daß dieses mit sich selbst aufmunternd spricht, ist aber angesichts ihrer weitgehenden Äquivalenz eigentlich unerheblich.

Die unpersönlich eingeleitete dritte Strophe (»Da steht im Wald geschrieben«, V. 17) kann als semiotisches Lehrstück Geltung beanspruchen. Das Zeichen (»ein stilles, ernstes Wort«, V. 18), zu dem der Wald in der Erfahrung des lyrischen Ich geworden ist, erinnert im Wortsinn ein für allemal an seinen Ursprung, der mit »rechtem Thun und Lieben« (V. 19) verbunden ist, also mit einer Ausgewogenheit von ethischen, praktischen und emotionalen Anteilen des Subjekts.

Gemeinhin wird die dritte Strophe aus dem Gedichtzusammenhang herausgenommen und das Wort des Waldes sogar in der Literaturgeschichtsschreibung der ehemaligen DDR direkt als Wort Gottes (Topos des liber naturae) gedeutet.[4] Die »unaussprechlich klar[e]« (V. 24) Botschaft des

4 Vgl. Werner, S. 782. Zur Begriffsgeschichte und transzendentalphilosophischen Dimensionierung des Topos vom Buch der Natur vgl. von Bormann, 1968. – Zur eingeschränkten Lesbarkeit dieser Topik einer Außenwelt und zur Erschließung intersubjektiver seelischer Innenräume in der Romantik vgl. Pikulik, S. 7–15 und Hörisch, S. 28.

Waldes erfüllt aber auch ein wichtiges Kriterium der Goetheschen Symboldefinition (»Die Symbolik verwandelt die Erscheinung in Idee, die Idee in ein Bild, und so, daß die Idee im Bild immer unendlich wirksam und unerreichbar bleibt und, selbst in allen Sprachen ausgesprochen, doch unaussprechlich bliebe.«[5]), so daß in der Forschung Rückschlüsse auf den symbolisch-allegorischen Mischcharakter von Eichendorffs Formelsprache nicht ausblieben (Klussmann, S. 127; Lindemann, S. 124; Koopmann, S. 23).

In der vierten und letzten Strophe spricht das Ich zum Wald (und zu sich selbst). Es kündigt seinen Abschied vom Wald an, der auch eine Trennung von sich selber, vom vertrauten Selbst ist: »Bald werd' ich dich verlassen, / Fremd in der Fremde gehn« (V. 25/26). Diese Fremde wird als Stadtwirklichkeit vorgestellt, in der das Leben Regie führt (»Auf buntbewegten Gassen / Des Lebens Schauspiel sehn«, V. 27/28). Die damit evozierte Theatrum-mundi-Bildlichkeit geht zurück auf Platon[6] und erfuhr durch Calderón eine wichtige Neuinterpretation.[7] Denn führen bei Platon noch die Götter Regie, beruft bei Calderón Gott als Autor die Welt zum Regisseur des Stückes. Die Welt ist in dieser Allegorie zugleich die Bühne, auf der ein jeder seine Rolle zu spielen hat, das Leben also ein ge- oder mißlingendes Rollenspiel, je nachdem, ob der christliche Imperativ »Liebe den Nächsten wie dich selbst und tue Recht, denn Gott ist Gott« befolgt wird oder nicht.

Auch die Erinnerung an den Wald soll wie ein kategorischer Imperativ funktionieren. Sie sichert dem »mitten in dem Leben« (V. 29) »Einsamen«, dem Ich (V. 31), eine Po-

5 »Maximen und Reflexionen (1823–1829)«, in: *Werke*, hrsg. im Auftrage der Großherzogin Sophie von Sachsen, Weimar 1887–1919, Erste Abtheilung, Bd. 48, S. 206.

6 *Nomoi*, in: *Sämtliche Werke* 6, nach der Übersetzung von Hieronymus Müller mit der Stephanus-Numerierung hrsg. von Walter F. Otto, Ernesto Grassi, Gert Plamböck, Hamburg 1959, S. 29.

7 *El gran teatro del mundo*, 1655; Eichendorffs Übersetzung des Stückes erschien 1846.

sition, von der aus es Übersicht bewahrt und ein Herz, das nicht altert. Das Waldbewußtsein bietet ihm Schutz vor dem Leben.

Die Dichotomien dieser von Eichendorff – unter ständiger Reduzierung der *realia* – zuerst »An den Hasengarten«, dann »Im Walde bei L.«, dann »Im Walde« und schließlich »Abschied« (SW 1/2,75) überschriebenen Entfremdungsgeschichte[8] seien nochmals genannt. Auf der einen Seite steht der Wald: Ein Naturbereich, in dem das Ich Authentizität erfahren hat, wird zum Zeichen innerer, vor allem emotionaler Gewißheit, Wahrheit und Unverletzlichkeit. Dieses Zeichen garantiert dem Ich die Möglichkeit der Erinnerung, wörtlich verstanden als Rückbezug zum Inneren, zu Erfahrungen, die das Ich konstituiert haben. Daß dieses Erinnerungsmodell für spätere Gedichte grundlegend ist, zeigt z. B. das Fazit, das Paul Gerhard Klussmann über die Verse 9–15 von Eichendorffs später entstandenem Gedicht *Lockung* (SW 1/1,103 f.)[9] zieht: »Die Entstehung des Liedes wird im Gedicht als Rückerinnerung an längst Verklungenes gedeutet. Platons Lehre von der ›Anamnesis‹ ist von fern hinter dieser Vorstellung erkennbar, aber auch Eichendorffs ganz konkretes Wissen um die Entstehung seines Gedichts hat die vier Verse von *Lockung* mitgeprägt.« (Klussmann, S. 121)

Auf der anderen Seite steht die Fremde: ein topographisch »außen« angesiedelter städtischer Bereich, charakterisiert durch Geschäftigkeit, Eile, Bewegtheit, Buntheit, Betrug, Schauspiel. (Man denkt an die Residenz in *Ahnung und Gegenwart*, aber auch an Brentanos, Arnims und Tiecks Wien-Kritik, die in der Stadt die Allegorie der Frau Welt sahen.) Zwischen beiden Bereichen scheint keine Vermittlung denkbar. Das Leben selber wird zur Fremde. Im Abschied vom Wald zeichnet sich nur ab, daß das lyrische

8 Vgl. dagegen Koopmann, S. 17, der in der zunehmenden Abstraktion mehr eine Generalisierung von persönlich Erlebtem sieht.

9 Erstdruck 1834 im 9. Kapitel von *Dichter und ihre Gesellen.*

Subjekt gestärkt und geschützt durch die dort codierte Erinnerung an seine Herkunft dieses »Schauspiel« (V. 28) zu überleben gedenkt.

Auch das spätestens 1837 entstandene Sonett *Warnung* handelt von einem Abschied. Nur geht es hier nicht mehr um den Eintritt ins Leben, sondern um die Entlassung aus ihm. Wer nun erwartet, daß die Retrospektive viel mehr über das Leben verlauten läßt, sieht sich getäuscht. Wie in *Abschied* bleibt es eine Schimäre. Allenfalls aus der Reproduktion der Negative »Urlaub«, »Laut' zerschlagen« (V. 1), der »stillen Stadt« (V. 2), »Niemand« (V. 4) entsteht das Bild einer in alle gesellschaftlichen Belange eingebundenen Biographie, die möglicherweise (»Laut'«, V. 1) wiederum die eines Künstlers ist.

Als widerständig oder zumindest mehrdeutig erweist sich die Rede vom »Urlaub«, suggeriert sie doch gleich zu Beginn des Sonetts und zumal in der Abteilung der *Geistlichen Gedichte* eine Abwertung der im ersten Quartett beschriebenen Lebensform. Doch greift diese Assoziation des Unwesentlichen, (dem dann um so überzeugender das Wesentliche gegenübergestellt werden kann,) zu kurz. Verfolgt man – stellvertretend für jede andere Lebenserfahrung – allein die zwischen *Abschied* und *Warnung* liegende Biographie Eichendorffs, fällt es schwer, die Leichtfertigkeit, die sich mit »Urlaub« verbindet, hinzunehmen. Kriegserfahrungen, Jahre frustrierender beruflicher Bemühungen, der Verkauf der verschuldeten Güter seiner Eltern nach dem Tod seines Vaters, der Tod seines Kindes Anna liegen hinter ihm und werden wohl weder durch seine schriftstellerische Tätigkeit noch durch seine Familie kompensiert.

Auch die zweite Valenz, die sich im Verlauf der Gedichtlektüre im Bedeutungsspektrum von »Urlaub« entwickelt, trägt nur teilweise. Im Kontext der bewachten »Burg« (V. 6), des »Flammendegen[s]« (V. 9) und von »Parol' und

Feldgeschrei« (V. 13) gewinnt zwar das lyrische Du als Soldat Konturen, der – die Tradition der militia christi legt es nahe – genauer noch als Streiter Christi vorgestellt werden könnte. Was den »Urlaub« betrifft, stößt man aber auch auf dieser metaphorischen Ebene auf Unstimmigkeiten, die darauf hinweisen, daß Eichendorff mit den verwendeten Bildkomponenten eher evozieren als die Deutung festlegen will. Verglichen mit dem Normalfall eines Soldaten, der seinen Urlaub nutzt, um nach Hause zu kommen, stellen die im Sonett beschriebenen Wege des lyrischen Adressaten ein *hysteron proteron* dar. Erst nach seinem Urlaub führt es diesen heimwärts.

Unabhängig davon, in welchem Kontext man »Urlaub« interpretieren will und kann: Die erste Strophe schildert eine wie auch immer begründete Verabschiedung – fast Verstoßung – aus der Stadt und aus dem gesellschaftlichen Dasein. Daß diese Vertreibung für den Betroffenen allem »Urlaub« zum Trotz der Entlassung aus dem Wald im ersten Gedicht durchaus vergleichbar ist, erhellt aus der Topographie. Wie in *Abschied* den Wald siedelt Eichendorff in *Warnung* die Stadt im Innenbereich an und charakterisiert sie obendrein als »still« (V. 2). Unbeschadet der pejorativen Note, die den Lebensraum ›Stadt‹ in Eichendorffs Werk begleitet, signalisiert diese Lokalisierung zusammen mit dem Attribut, daß hier in der Fremde eine Heimat gefunden wurde, Sozialisation und Verwurzelung stattgefunden haben. Man vergleiche nur den Gedichtentwurf *Abschied von Wien* (SW 1/3, S. 192–193), um diese Abweichung von dem durch die Lektüre von *Abschied* bestätigten, erwartungsgemäßen Eichendorff'schen Stadtbild zu realisieren.

Der Übertritt nach »draußen« (V. 5) erfordert demnach in beiden Fällen eine schwerwiegende Neuorientierung. Diese scheint dem heimatlos Gewordenen in *Warnung* zunächst leichter zu fallen, gerät ihm doch – so vermittelt das zweite Quartett – automatisch ein älteres Bild in den Blick:

»wo du herstammst, ragen / Die Zinnen noch der goldnen Burg« (V. 5/6). Alles deutet zunächst darauf hin, daß er nicht in eine neue Fremde ziehen muß, weil seine alte Heimat noch Bestand hat. Die Frage ist nur, ob sie für ihn, der ihr einst den Rücken gekehrt hat, um ein geselliges und auch gesellschaftlich relevantes Dasein zu wählen, noch zugänglich ist. *Warnung* handelt also nicht nur von einem weiteren Abschied, sondern fragt nach der Funktionstüchtigkeit der in *Abschied* beschworenen Erinnerungskunst. Was erwartet den, der »waldwärts« (V. 5) eine Rückkehr versucht?

Formal unterstrichen durch Enjambements, die den Lesefluß hemmen, deutet die Beschreibung einer bewachten Burg im zweiten Quartett schon an, daß die alte Heimat sich verschlossen hat. Angesichts des alttestamentlichen »Engel[s] dort mit seinem Flammendegen« (V. 9) zu Beginn der Terzette wird dann noch klarer, daß die Chance auf eine versöhnliche Heimkehr möglicherweise von vornherein mit dem einstmaligen Verlassen der Heimat vertan wurde. Das Bild zitiert die in der Genesis geschilderten Folgen des Sündenfalls: »Gott, der Herr, schickte ihn aus dem Garten Eden weg, damit er den Ackerboden bestellte, von dem er genommen war. Er vertrieb den Menschen und stellte östlich des Gartens von Eden die Kerubim auf und das lodernde Flammenschwert, damit sie den Weg zum Baum des Lebens bewachten.«[10] Auch mit dieser Rekurrenz wird die Deutung keineswegs auf den biblischen Kontext festgelegt, der den »Urlaub« in den Interpretationsspielraum des Sündenfalls rückt und im ersten Vers insgesamt eine Anspielung auf den dadurch ausgelösten göttlichen Zorn erkennen läßt. Vielmehr dient der Rückgriff auf dieses zumal in der Romantik naheliegende Deutungsmuster der Vertreibung aus dem Paradies dazu, eine universelle Entfremdungserfahrung zu verdeutlichen:

10 Gen. 3,23–24.

Kann man von seiner alten Welt mit ihren eigentümlichen Werten und Regeln einfach »Urlaub« nehmen? Ist ein problemloser Brückenschlag zwischen zwei konträren Daseins- und Bewußtseinsformen denkbar? Gelingt es, sich mit seiner neu gewonnenen Identität zu reintegrieren? Verhindert nicht die Entfremdung und Entwöhnung, die das Verlassen des ersten, ursprünglichen Zuhauses mit sich bringt, daß der Betroffene sich hier jemals wieder einfindet?[11] Wenn dem so ist, wäre nicht das Paradies verloren, aber der Mensch für das Paradies. Wo keine Vermittlung zwischen zwei Welten denkbar ist, entsteht ein Leerraum und es assoziiert sich das in der Romantik vielbeschriebene Schicksal eines ewigen Wanderers: »Weh! wo nun willst dein müdes Haupt hinlegen?« (V. 14)

Aber indem Eichendorff die naheliegende Figur Ahasvers per Zitat neutestamentlich umdeutet (»der Menschensohn [Jesus] aber hat keinen Ort, wo er sein Haupt hinlegen kann«[12]), zeigt er, daß das Unterwegssein mitsamt den damit gegebenen Abschiedssituationen zur *conditio humana* gehört, daß Seßhaftigkeit (man vergleiche die romantische Philisterkritik) nicht die Lösung ist. Die Frage nach der Rückkehr beantwortet er im Konditionalsatz (»Hast du Parol' und Feldgeschrei vergessen«, V. 13) mit einer weiteren (Über-)Lebensbedingung. Wer sich an Codewort und Lebensziel erinnern kann, wer die im Wald vor dem ersten Abschied erfahrene Übereinkunft behalten hat, findet zurück, egal ob nach Hause oder ins Paradies.

Wird in *Abschied* ein Übermaß an metaphorisch verbreitetem Optimismus (V. 1–4, V. 9–16) gegen die bewußte, aber nur angedeutete Gefahr der Entfremdung (»Fremd in der Fremde«, V. 26) aufgeboten, so erinnert das Sonett *Warnung*, das die noch größere Gefahr, in der Heimat als Fremdgewordener abgewiesen zu werden, in stren-

11 Vgl. dazu Helmut Koopmanns Beitrag im vorliegenden Band.
12 Mt. 8,20.

ger Bibelbildlichkeit vor Augen stellt (V. 5–12), zuletzt an den in *Abschied* erprobten Ausweg. Beiden Gedichten gemeinsam ist die Beschwörung der Erinnerungskunst.

Aus der Diskrepanz, die sich in der Bildwahl und der dadurch vermittelten emotionalen Grundierung auftut, mag man ermessen, wie wenig das Leben, von dem man in dem einen wie dem anderen Gedicht kaum etwas erfährt, mit »Urlaub« zu tun hat.

Literaturhinweise

Adorno, Theodor W.: Zum Gedächtnis Eichendorffs. In: Noten zur Literatur. Frankfurt a. M. 1981. S. 69–94.

Alewyn, Richard: Eichendorffs Symbolismus. In: R. A.: Probleme und Gestalten, Frankfurt a. M. 1982. S. 232–245.

Bormann, Alexander von: »Das zertrümmerte Alte«. Zu Eichendorffs Lorelei-Romanze *Waldgespräch*. In: Gedichte und Interpretationen. 3. Klassik und Romantik. Stuttgart 1984. S. 306–319.

– Natura loquitur. Naturpoesie und emblematische Formel bei Joseph von Eichendorff. Tübingen 1968 (Studien zur deutschen Literatur 12.).

Emblemata. Handbuch zur Sinnbildkunst des XVI. und XVII. Jahrhunderts. Taschenausgabe. Hrsg. von Arthur Henkel und Albrecht Schöne. Stuttgart/Weimar 1996.

Friederici, Hans: Untersuchungen zur Lyrik Joseph von Eichendorffs. In: Weimarer Beiträge 8 H. 1 (1962) S. 85–107.

Fröhlich, Harry: Eichendorff in Dresden. In: Aurora 55 (1995) S. 105–122.

Hörisch, Jochen: »Larven und Charaktermasken«. Zum elften Kapitel von *Ahnung und Gegenwart*. In: Eichendorff und die Spätromantik. Hrsg. von Hans-Georg Pott. Paderborn 1985. S. 27–38.

Klussmann, Paul Gerhard: Über Eichendorffs lyrische Hieroglyphen. In: Literatur und Gesellschaft vom neunzehnten ins zwanzigste Jahrhundert. Festgabe für Benno von Wiese. Hrsg. von Hans Joachim Schrimpf. Bonn 1963. S. 113–141.

Koopmann, Helmut: Joseph von Eichendorff. In: Joseph Freiherr von Eichendorff. 1788–1857. Leben, Werk, Wirkung. Eine Ausstellung der Stiftung Haus Oberschlesien und des Landesverbandes Rheinland, Rheinisches Museumsamt Abtei Brauweiler in Zusammenarbeit mit der Eichendorff-Gesellschaft 1983. Köln/Dülmen 1983. S. 11–24.

Lindemann, Klaus: »Deutsch Panier, das rauschend wallt«. Der Wald in Eichendorffs patriotischen Gedichten im Kontext der Lyrik der Befreiungskriege. In: Eichendorff und die Spätromantik. Hrsg. von Hans-Georg Pott. Paderborn 1985. S. 91–131.

Pikulik, Lothar: Abendliche Erfahrungen. Zu einem Gedicht Eichendorffs und seinem Zusammenhang mit der Tradition. In: Aurora 44 (1984) S. 7–15.

Walter, Hugo: The apostrophic moment in nineteenth and twentieth century German poetry. New York / Bern / Frankfurt a. M. 1988.

Werner, Hans Georg: Die Lyrik Eichendorffs. In: Geschichte der deutschen Literatur von den Anfängen bis zur Gegenwart. Bd. 7: 1789–1830. Von Autorenkollektiven, Leitung und Gesamtbearbeitung Hans-Dietrich Dahnke (1789–1806) und Thomas Höhle in Zusammenarbeit mit Hans Georg Werner (1806–1830). Berlin (Ost) 1978. S. 779–786.

Wilke, Jürgen: Vom Sturm und Drang bis zur Romantik. In: Walter Hinderer (Hrsg.): Geschichte der politischen Lyrik in Deutschland. Stuttgart 1978. S. 165–168.

Heimweh

Wer in die Fremde will wandern,
Der muß mit der Liebsten gehn,
Es jubeln und lassen die Andern
Den Fremden alleine stehn.

Was wisset ihr, dunkele Wipfel,
Von der alten, schönen Zeit?
Ach, die Heimath hinter den Gipfeln,
Wie liegt sie von hier so weit!

Am liebsten betracht' ich die Sterne,
Die schienen, wie ich ging zu ihr,
Die Nachtigall hör' ich so gerne,
Sie sang vor der Liebsten Thür.

Der Morgen, das ist meine Freude!
Da steig' ich in stiller Stund'
Auf den höchsten Berg in die Weite,
Grüß dich, Deutschland, aus Herzensgrund!

(SW 1/1,48 f.)

Rückkehr

Mit meinem Saitenspiele,
Das schön geklungen hat,
Komm' ich durch Länder viele
Zurück in diese Stadt.

Ich ziehe durch die Gassen,
So finster in die Nacht,
Und Alles so verlassen,
Hatt's anders mir gedacht.

Am Brunnen steh' ich lange,
Der rauscht fort, wie vorher,
Kommt Mancher wohl gegangen,
Es kennt mich Keiner mehr.

Da hört' ich geigen, pfeifen,
Die Fenster glänzten weit,
Dazwischen drehn und schleifen
Viel' fremde, fröhliche Leut'.

Und Herz und Sinne mir brannten,
Mich trieb's in die weite Welt,
Es spielten die Musikanten,
Da fiel ich hin im Feld.

(SW 1/1,30)

HELMUT KOOPMANN

Ewige Fremde, ewige Rückkehr

Eichendorffs Lyrik ist wesentlich Erinnerungsdichtung. Der Blick zurück in die Heimat, in die Kindheit, in eine verlorene Landschaft, in frühere Geselligkeit: Er macht nicht nur blind für die Gegenwart, er schärft auch das Bewußtsein für das Vergangene. Das geht nicht ohne Wertungen ab: Das Frühere ist bei Eichendorff nicht etwa das, was es zu überwinden lohnte, es ist so gut wie immer auch das Bessere, das schon gelebte Leben intensiver als das Dasein jetzt und was die Gedichte allenfalls festhalten können, ist der Abglanz des unwiederbringlich und unwiderruflich Verlorenen, das um so erinnerungsmächtiger wird, je endgültiger es verschwunden ist.

Der Blick zurück schärft aber nicht nur das Bewußtsein für alles früher Verlassene, er macht die Gedichte zugleich zur Einsamkeitslyrik. Nie sind es mehrere, die zurückschauen, immer ist es nur ein übriggebliebenes Ich, das aus einer glücklicheren Zeit, einem reicheren Leben herausgefallen ist. Dabei kommen die Erinnerungen nicht am hellichten Tage, sie sind Nachtgesichte. Die Nacht: Das ist bei Eichendorff nicht mehr das Traumreich der Frühromantik, das für ein eigentliches Leben steht, nicht jener Bereich, in dem Raum und Zeit aufgehoben sind und in dem ein geheimnisvolles Dasein beginnt, das die Nüchternheit des Tages als lebensunwürdigen Raum deklassiert. Die Nacht ist hier die Zeit der Erkenntnis, und diese Erkenntnis enthält die nüchterne Botschaft, daß der Verlust des Früheren nicht nur arm gemacht hat, sondern auch isoliert. Darin gleichen sich das erstmals 1826 in *Aus dem Leben eines Taugenichts* gedruckte Gedicht *Heimweh* und das Gedicht *Rückkehr*, das vermutlich zwischen 1810 und 1812 entstanden ist. Die Veröffentlichung des *Heimweh*-Gedichtes im *Taugenichts* sagt dabei noch nichts über die Entstehungszeit; Eichendorff arbeitete an seiner Erzählung schon Anfang 1817. Möglicherweise trennen also nur sechs oder sieben Jahre die Entstehungszeit der Gedichte – für Eichendorff eine lange und wichtige Zeit, die aber keinen Niederschlag in diesen Gedichten gefunden hat. *Heimweh* ließe sich auch gut im Zusammenhang mit *Ahnung und Gegenwart* denken, dem ersten Roman Eichendorffs, der 1811/12 vollendet war – die letzte Zeile steht deutlich in innerer Beziehung zu den patriotischen Tönen, die in dem Roman im dritten Buch zu hören sind, und wenn es hier auch »Deutschland« ist und dort »der Rhein«, so ist doch beidemale das gleiche gemeint: ein Vaterland, das nicht nur politische, sondern auch emotionale Bedeutung hatte. Umgekehrt scheint das Gedicht *Rückkehr* eigentlich in einen späteren Zeitraum zu gehören, enthält es doch einen Rückblick auf eine offenbar schon lange vergangene Jugendzeit.

Die Gedichte sind im Kontext der Eichendorff'schen Lyrik also eigentümlich zeitlos und eigentlich sogar positionslos. Denn sie behandeln Themen, die sich über den ganzen Zeitraum der Eichendorff'schen Dichtung finden, und sie behandeln sie auf eine Weise, die differenziertere zeitliche Zuordnungen kaum zuläßt. Dem entspricht das Unbestimmte der Titel: Das Gedicht *Heimweh* gibt es in Eichendorffs Lyrik gleich zweimal; das zweite *Heimweh*-Gedicht, das den Untertitel *An meinen Bruder* trägt, ist auf eine sehr viel spätere Zeit, nämlich auf 1835 zu datieren, und das auch nur in seinem ersten Entwurf; es wurde zwar 1837 erstmals gedruckt, bekam seine endgültige Fassung aber wohl erst 1841, als Eichendorff es für die zweite Ausgabe seiner Gedichte überarbeitete. Auch *Rückkehr* hat einen Doppelgänger: Ein zweites Gedicht dieses Titels erschien erstmals in Eichendorffs letztem Roman, also in *Dichter und ihre Gesellen* 1834 – wir wissen nichts Genaueres über die Entstehungszeit. Aus der jeweiligen Duplizität der Titel können wir aber schließen, daß die Themen zum lyrischen Generalrepertoire Eichendorffs gehörten, daß die Entstehungszeit so gut wie nichts aussagt über den jeweils zeitgenössischen Gehalt, daß die Grundmotivik – der Lebens-Rückblick, die Einsamkeit, die Nacht – über viele Jahre hinweg unverändert blieb. Dabei ist es kein Merkmal lyrischer Einfallslosigkeit, wenn der gleiche Titel also jeweils über zwei ganz unterschiedlichen Gedichten steht. Die Titel sind insofern auch gar nicht einmal unpräzise, als das jeweilige Doppelgängergedicht nicht von grundsätzlich anderem handelt, sondern die gleichen Motive nur noch einmal variiert. Und wer Eichendorffs Lyrik kennt, der weiß, daß sie auch in anderen Gedichten und im erzählerischen Werk vielfach begegnen. Heimweh und Rückkehr sind Konstanten in Eichendorffs Vorstellungswelt, ebenso wie Aufbruch und Fremde, Einsamkeit und Morgen, Wald, Frühling und Abendrot, Sehnsucht und Mondnacht, das Wandern und das Singen. Das darf nicht darauf schließen lassen, daß diese Lyrik, die dergleichen in vielfacher Variation behandelt, arm sei. Es ist eher ein Kennzeichen seriellen Dichtens – Eichendorff hat den kleinen Schatz an Motiven, Symbolen und Erlebnissen, die sich in seiner Lyrik finden, immer wieder variiert und er konnte das, weil sie ihn nicht festlegten, sondern vielmehr die Freiheit gaben, diese Zentren seines lyrischen Denkens und Fühlens immer wieder neu zu umkreisen.

Es gibt noch andere Hinweise auf die eigentümliche Zeitlosigkeit und damit auf die jederzeitige Verfügbarkeit Eichendorff'scher Themen, Motive und Gefühle. Nicht nur, daß das Gedicht *Rückkehr* einen thematischen Doppelgänger hat – es gibt ein anderes Gedicht, das ein signifikantes Motiv, nämlich den Tanz, wieder aufgreift: das *Wanderlied der Prager Studenten*. In diesem Gedicht, das wie *Heimweh* ebenfalls im *Taugenichts* 1826 erstmals erschien und vermutlich von Wilhelm Müllers Liedern *Der Prager Musikant* in *Sieben und siebzig Gedichte aus den Hinterlassenen Papieren eines reisenden Waldhornisten* von 1821 angeregt worden ist, singen die Studenten:

Nachts wir durchs Städtlein schweifen,
Die Fenster schimmern weit,
Am Fenster drehn und schleifen
Viel schön geputzte Leut. [...]

(G 22)

Das ist ein fröhliches Studentenlied, die Herren Studenten sind lustige Wanderer und es gibt auch nicht den Hauch einer elegischen Stimmung. Im Gedicht *Rückkehr* ist der Blick auf den Tanz aber ein melancholischer Blick in eine fremde Welt, die scharf zu den Empfindungen des einsamen Rückkehrers kontrastiert. Das Gedicht könnte ein Altersgedicht sein – und ist doch ein Jugendgedicht. Das zeigt erneut, daß die üblichen zeitlichen Dimensionen, daß der gängige Unterschied zwischen Jugend- und Alterslyrik für Eichendorff keine Rolle spielt. Erinnerung ist paradoxerweise auch schon eine Jugenderfahrung Eichendorffs. Und sie gründet sich nicht nur auf ein lyrisch dargestelltes, sondern höchst reales Erlebnis. Wir erschließen das aus Eichendorffs Tagebucheintragung vom 7. Mai 1807, in der er davon berichtet, daß sich »der galante Postmeister, die hiesigen Offiziere u. Honoratioren nebenan zu einem Balle begaben. Ach! wir erinnerten uns dabey aller der schönen vergangenen Zeiten, aber bey uns war Spiel u. Tanz vorbey, unser Postillon stieß ins Horn u. durch Sturm u. kalten Regen fuhren wir in alle Welt bey den fröhlichen Fenstern vorüber.« (SW 1/2,68) 1807 hatte Eichendorff also schon Erfahrungen gemacht, die wir eher Alterserlebnissen zurechnen würden. Spiel und Tanz vorbei – die schönen Zeiten endgültig vergangen. Da aber war Eichendorff gerade 19 Jahre alt.

Eichendorff hat diese sehr persönliche Erfahrung auf seiner Reise nach Heidelberg in seinem Gedicht noch überhöht, denn aus dem Brüderpaar ist in dem Gedicht ein Einzelner geworden, ein Einsamer, mehr noch: ein Unbekannter. Tanz ist ein altes Lebenssymbol, aber das einsame Ich ist vom Leben ausgeschlossen und Eichendorff hätte die Kontraste nicht schärfer herausmodellieren können: die Vielen und der Einzelne, die fröhlichen Leut und der, den keiner mehr kennt, der Homo Viator und die gleichsam stationäre Festgesellschaft, die Rückkehr schließlich, die offensichtlich zum neuen Aufbruch wird, zum Hinausgetriebenwerden in die Welt, aus der der Wanderer gerade kommt. Es ist der vom Leben so gründlich Ausgeschlossene, der in dem erleuchteten Saal das sieht, was ihm verwehrt ist: das Leben. Die letzte Zeile, dunkel und doch eindeutig, eine vorweggenommene Todeserfahrung? Heine hat in seinem *Buch der Lieder* das Dasein draußen vor der Stadt, die grenzenlose Einsamkeit des vom Leben Getrennten ähnlich dargestellt, in jenen Versen, in denen er sich vor den Toren Lüneburgs sieht und die mit einem Todeswunsch enden. Es ist das dritte Gedicht des Zyklus *Die Heimkehr*, das mit den Zeilen beginnt: Mein Herz, mein Herz ist traurig, / Doch lustig leuchtet der Mai [...]. Das Ausgeschlossensein vom Leben ist freilich nicht nur ein lyrisches Generalthema Eichendorffs. Tonio Kröger wird später in Thomas Manns Novelle eine ähnliche Erfahrung machen.

Auch das *Heimweh*-Gedicht verbalisiert etwas, das zu Eichendorffs Grunderlebnissen gehört. Die Fremde ist hier wie überall bei Eichendorff gleichsam existentiell erlebt und sie wird nicht zuletzt dadurch zur Fremde, daß der Exulant sein Schicksal allein ertragen muß. Fremde heißt auch hier Einsamkeit, Verlassenheit, Isolation. Aber eigentlich ist es ein Liebesgedicht, oder genauer: ein Gedicht über eine frühere Liebe. Der Weg zurück in die Erinnerung, in die noch einmal zurückgekehrte frühere schöne Zeit wird komparativisch eingeschlagen: Die Sterne und die Nachtigall lassen an das Vergangene denken, vergegenwärtigen es aber zugleich auch wieder. Und so wird erfahren, daß Fremde nicht nur dort ist, wo die Heimat verlassen wurde, sondern nicht weniger da, wo die schöne Vergangenheit sich von der elenden Gegenwart getrennt hat. Will man hinter den Zeilen eine Geschichte erkennen, so würde sie besagen, daß der Weg in die Fremde zugleich auch bedeutete, daß die Liebste nicht mitkam; wäre sie bei ihm geblieben, wäre die Fremde nicht zur Qual geworden. Doch sie schärft den Blick zurück und das Bewußtsein für das, was gewesen ist. In diesem Gedicht findet sich das Formelwort von der »alten, schönen Zeit« (V. 6), das in vielfacher Variation im Werk Eichendorffs immer wiederkehrt. Gemeint ist damit mehr als eine persönliche Vergangenheit: die Erinnerung, die hier über die Gipfel hinausgehen muß, führt nicht nur in das Schloß und in den Schloßpark von Lubowitz zurück, sondern sehr viel weiter, nämlich in den Paradiesesgarten, den Garten Eden: die eigentliche Heimat des Menschen, die er freilich für immer verlassen mußte.

Und die Entfernung zur Heimat hinter den Gipfeln ist so weit, wie der Weg zurück ins Paradies ist: Es ist eine freundlichere Art, den endgültigen Verlust des Paradieses anzukündigen, denn bei allem Heimweh ist doch nur zu sicher, daß die alte schöne Zeit nicht wiederzugewinnen ist und damit auch nicht die Kindheit, die die Identität des Menschen mit sich selbst garantierte. Diese Identität ist hier gleichsam auseinandergefallen in die Fremde und in die Heimat: In vielen Gedichten hat Eichendorff die transitorische Existenz des Menschen ähnlich beschrieben, also das, was man vor einiger Zeit noch »das Unbehaustsein« nannte. Geht es zu weit, hier auch eine metaphysische Einsamkeit herauszuhören?

Die Gedichte gelten nicht zuletzt wegen ihres Formelschatzes, ihrer stereotypen Wendungen im eigentlichen Sinne als romantisch. Die Rückerinnerung, das Fremdsein in der Welt, die auf schmerzliche Weise geradezu lustvoll erlebte Einsamkeit: Das hat das Bild der deutschen Romantik jahrzehntelang geprägt. Daß es daneben auch den Aufbruch gibt, zeigt die letzte Strophe des *Heimweh*-Gedichtes: Natürlich ist nicht eine wirkliche Bergbesteigung gemeint, sondern der hier nur erdachte und gedachte Versuch, der Nacht zu entfliehen »auf den höchsten Berg« (V. 15) – ein bildlicher Berg, kein realer, ein erdachter, kein wirklicher. Die letzte Zeile macht deutlich, daß die Fremde ein auch im weitesten Sinne politisches Aus-dem-Lande-sein bedeuten kann. Aber »Deutschland« (V. 16) ist dennoch nicht in einem engeren politischen Sinne zu deuten: Auch dieses Wort ist eine Chiffre, steht für eine Einheit, die zugleich Heimat ist, von der Eichendorff freilich nur zu gut wußte, daß auch sie in der Ferne liegt; sonst wäre der so mühsam erstiegene Berg ohne rechte Bedeutung. Der Gruß gilt einem größeren Ganzen und der Gruß bedeutet auch, daß der Homo Viator, der Exulant, der in die Fremde Vertriebene die Sehnsucht nach einem größeren Ganzen, das hier einen leicht mißverständlichen politischen Namen bekommen hat, nicht vergessen hat.

Dieses so romantische Gedicht beschreibt Erfahrungen, die alles andere als romantisch sind, die in ihrer Radikalität sogar ungewöhnlich modern anmuten. Das Exulantenschicksal war im 18. Jahrhundert kaum bekannt, da sich der Einzelne immer als Mensch und damit immer als Teil eines größeren Ganzen verstand, und wenn jemand verletzt wurde, so war im Grunde genommen die ganze Menschheit in ihm verletzt; auch ein Einsamkeitsbewußtsein kam damals kaum auf. Es ist eine Erfahrung des frühen 19. Jahrhunderts, die Eichendorff hier benannt hat: Sie ist zu finden bei Heinrich Heine in seinem Buch über Ludwig Börne und in vielen anderen lyrischen Äußerungen, etwa in *Deutschland. Ein Wintermärchen* oder in *Denk ich an Deutschland in der Nacht*, aber auch bei Adelbert von Chamisso; und sie läßt sich bei Börne ebensogut nachweisen wie bei Mörike. Wichtiger als dieses In-der-Fremdesein, also die erste Ausprägung eines Exulantenbewußtseins, zeittypischer als das Wissen darum, daß es aus dem Exil im Grunde genommen keine Rückkehr mehr geben kann, ist aber vielleicht die Erfahrung der Zeit. Sie wird nicht als *nunc stans* erlebt, auch nicht als Kontinuum, sondern in ihrer Zerrissenheit zwischen Früher und Jetzt, und wenn der Brunnen im *Rückkehr*-Gedicht eine Chiffre für die gleichmäßig, aber unaufhaltsam verrauschende Zeit ist, so ist die Erfahrung einer vergänglichen Gegenwärtigkeit das eigentlich zentrale Thema beider Gedichte. Ruit hora – die Stunde stürzt, und daß die Jetztzeit sich so grundsätzlich von der Vergangenheit unterscheidet, daß diese kaum in die Erinnerung zurückzuholen ist, daß das Bewußtsein von der so rasch verflossenen Zeit gerade dort mächtig wird, wo der Versuch ihrer Vergegenwärtigung gewagt wird: Das alles läßt erkennen, daß die Zeit nicht mehr in ihrer sichernden Beständigkeit, sondern in ihrer verunsichernden Vergänglichkeit erlebt wird. Eichendorff hat darüber an manchen Stellen seines Werkes geschrieben; er hat, wie andere auch, die technischen Errungenschaften seiner Zeit, die Eisenbahn etwa, nicht verteufelt, aber doch als beunruhigendes und drohendes Symbol einer neuen, im Grunde ihm unverständlichen Epoche gesehen. Freilich: Niemandem sonst als dem Emigranten wird der rasche Zeitfluß deutlich, wenn er denn zurückkehren wollte in das, was war, was aber nun tiefste Vergangenheit geworden ist, obwohl der Exulant das Verlassene eben noch als Gegenwart erlebt hat. Die Heimat und die Fremde, die alte schöne Zeit und die eher grausige Gegenwart, der Versuch, diese Kluft mit Hilfe der sich erinnernden Phantasie zu überspringen und die Einsicht, daß das Einst und Jetzt auf immer voneinander getrennt sind, das macht die Erfahrung, die sich in diesen beiden Gedichten ausspricht, zur modernen Erfahrung einer Zeitenwende, die gleichsam als Riß durch Eichendorffs eigene Existenz hindurchgegangen ist. Denn er wußte ja, was es mit dem heimatlichen Garten, dem Park mit den Wasserkünsten und den Steinfiguren auf sich gehabt hatte – so wie er wußte, daß dies ein für allemal verlassen war, verlassen geblieben wäre, selbst wenn er sich zurückbegeben hätte. Nach ihm ist diese Erfahrung noch oft gemacht worden, vornehmlich im 20. Jahrhundert. Millionen haben in einer tödlich fremden Umgebung sagen müssen, was Eichendorff in seinem Gedicht sagt: »Es kennt mich Keiner mehr« (V. 12).

Eichendorff hat 1837 beide Gedichte in seine späteren Gedichtsammlungen aufgenommen, *Rückkehr* in die Sammlung von 1837, *Heimweh* in die Sammlung von 1843 (die auch die Gedichte von 1837 enthält). Liest man sie im Kontext der anderen *Wanderlieder*, wie Eichendorff die erste Abteilung seiner Gedichte überschrieb, dann bekommen sie freilich noch eine andere Farbe. Denn untergründig ist in einer Reihe von Gedichten dieser Wanderlieder nicht nur die Rückkehr, sondern auch der Aufbruch beschrieben: Gedichte wie *Der wandernde Student*, *Der frohe Wandersmann*, *Der verliebte Reisende*, *Dryander mit der Komödianten-Bande* dokumentieren auch Reiselust und Heiterkeit und das Gedicht *Frische Fahrt* (G 13) verherrlicht geradezu den Aufbruch, die Fahrt auf dem Strom, wenn Aurora hochflammend weht, und die Zeile »Und ich mag mich nicht bewahren!« läßt nichts erkennen von Schwermut, Einsamkeit, Heimweh, Melancholie. Das Bild, das uns vom jungen Eichendorff in seinen Gedichten überliefert ist, wäre unvollständig, ja falsch, würde man jene Stimmung unterdrücken, die den Dichter gar nicht fragen läßt, wo die Fahrt zu Ende geht, sondern die den Aufbruch auch als Verlockung beschreibt. Zur Romantik Eichendorff'scher Provenienz gehören eben nicht nur Einsamkeit und Schmerz, Heimweh und das Wissen um die verlorene schöne Zeit, sondern auch der prächtige Morgen, wie er in der ersten und in der letzten Zeile von *Ahnung und Gegenwart* die Szenerie absteckt. Das Leben bereitet nicht nur Qual, es ist auch ein »Schauspiel« und in dem Gedicht *Der Morgen* wird dessen Wunderkraft gerühmt, der trüben Nacht ein Ende zu bereiten. Wandern: Das ist auch ein Lustgewinn, es ist Erfahrungssuche und das befreiende Gefühl einer Entgrenzung in die Welt und obgleich in den Gedichten auch nicht die *Taugenichts*-Stimmung aufkommt, so doch ein ihr verwandtes Gefühl der Befreiung, wenn das Reisen beginnt. Bedenkt man diesen Kontext, dann ist ein Gedicht wie *Rückkehr* nicht nur Verlassenheitspoesie – auch dort ist vom Aufbruch die Rede, auch wenn nicht deutlich gesagt wird, wie »Herz und Sinne« den Aufbrechenden in »die weite Welt« hineintrieben. Selbst die letzte Zeile könnte geradezu in ein ironisches Licht getaucht sein: Der Sturz im Feld muß nicht ein Todessturz sein, er kann auch als schlichtes Mißgeschick gedeutet werden. Das Spiel der Musikanten muß nicht den ›letzten Gang‹ des Wanderers begleiten, der Aufbruch in die weite Welt kann auch ein Neuanfang sein, Abkehr von der Stadt, der Residenz, dem allzu Vertrauten. Ähnliches gilt für *Heimweh*. Die Erfahrung der Fremde, des Fremdseins, gehört wohl zur wichtigsten Erfahrung Eichendorffs – aber der Blick in den Himmel, die Betrachtung der Sterne ist frei von Melancholie und Larmoyanz; und die letzte Strophe widerlegt allen Heimweh-Trübsinn. Eigentlich nimmt sie sich wie ein Fremdkörper in diesem Gedicht aus und es wäre denkbar, daß Eichendorff sie in seinem oft eklektizistischen Schreibverfahren gewissermaßen an falscher Stelle angehängt hat – denn zur Überschrift *Heimweh* paßt sie auf keinen Fall. Aber sie bietet ein Gegengewicht zur Versenkung in die »alte, schöne Zeit«, zur Erfahrung der Fremde und zum Blick zurück in eine tiefe Vergangenheit. Eichendorff erhebt sich im eigentlichen Wortsinn in dieser letzten Strophe über die Welt und damit auch über die Vergangenheit und es hätte gar nicht des Hinweises auf die Freude bedurft, um den Morgen als Zukunft, als Befreiung, als Verheißung und Verlockung zu empfinden. Beschreiben die ersten drei Strophen die Fremde und das Fremdsein in der Welt, so die letzte ein Einswerden mit allem, was zu sehen ist, also mit »Deutschland«, und das ist romantisch zu verstehen. Der Gruß ins Land hinab ist frei von Heimweh, es ist die Rückkehr des Fremden in seine eigentliche Heimat, es ist gleichsam ein Heimweh, das sein Ziel gefunden und erreicht hat. Will man den Eichendorff'schen Gedichten gerecht werden, darf dieser Aspekt, dürfen Aufbruch und Heiterkeit nicht unterschlagen werden. Den Nachtgefühlen, die sich mit elegischen Stimmungen verbinden, widersprechen jene Zeilen aus *Frische Fahrt*:

Und ich mag mich nicht bewahren!
Weit von Euch treibt mich der Wind,
Auf dem Strome will ich fahren,
Von dem Glanze selig blind!

(G 13)

Das steht im ersten Gedicht der *Wanderlieder*, und wenn Eichendorff den Homo Viator beschreibt, dann auch seine Erfahrung des Aufbruchs. Aber daß er zwischen Vergangenheit und Zukunft unterwegs ist, eben das macht sein eigentliches Wesen aus. Ein wenig schildert der junge Eichendorff auch das Abenteuer einer sich freisetzenden Subjektivität – und sieht zugleich seine Gefahren und die Bleigewichte, die ihn an seine Vergangenheit ketten. Kaum etwas anderes könnte besser die Stimmung jener Generation beschreiben, die, wie die Romantiker, aufbrechen wollte und schließlich doch nicht aufbrechen konnte, weil das Heimweh so mächtig war. So spiegeln sich denn Glanz und Elend der Romantik in diesen beiden Gedichten Eichendorffs.

Literaturhinweise

Alewyn, Richard: Eichendorffs Symbolismus. In: R. A.: Probleme und Gestalten, Frankfurt a. M. 1982. S. 232–245.

Bormann, Alexander von: Natura loquitur. Naturpoesie und emblematische Formel bei Joseph von Eichendorff. Tübingen 1968 (Studien zur deutschen Literatur 12.).

Henel, Heinrich: Erlebnisdichtung und Symbolismus. In: Deutsche Vierteljahrsschrift für Literaturwissenschaft und Geistesgeschichte 32 (1958) S. 71–98.

Klussmann, Paul Gerhard: Über Eichendorffs lyrische Hieroglyphen. In: Literatur und Gesellschaft vom neunzehnten ins zwanzigste Jahrhundert. Festgabe für Benno von Wiese. Hrsg. von Hans Joachim Schrimpf. Bonn 1963. S. 113–141.

Littlejohns, Richard: Sehnsucht und kein Ende. Eichendorffs Gedicht im Zusammenhang des romantischen Denkens. In: Aurora 49 (1989) S. 37–45.

Nienhaus, Stefan: »Waldessprache«. Anmerkungen zu zwei Gedichten Joseph von Eichendorffs. In: Critica poeticae. Lesarten zur deutschen Literatur. Hans Geulen zum 60. Geburtstag von

seinen Schülern und Freunden. Hrsg. von Andreas Gössling und Stefan Nienhaus. Würzburg 1992. S. 205–218.
Pikulik, Lothar: Abendliche Erfahrungen. Zu einem Gedicht Eichendorffs und seinem Zusammenhang mit der Tradition. In: Aurora 44 (1984) S. 7–15.
Regener, Ursula: »Aus Europa herausspedirt«. Wenn ein Taugenichts zum Auswanderer wird. In: Aurora 52 (1992) S. 71–84.
Rehm, Walther: Prinz Rokoko im alten Garten. Eine Eichendorff-Studie. In: Jahrbuch des Freien Deutschen Hochstifts (1962) S. 97–207.
Seidlin, Oskar: »Der alte Garten«. In: Versuche über Eichendorff. Göttingen ³1985. S. 74–98.

In der Fremde

Ich hör die Bächlein rauschen
Im Walde her und hin,
Im Walde in dem Rauschen
Ich weiß nicht, wo ich bin.

Die Nachtigallen schlagen
Hier in der Einsamkeit,
Als wollten sie was sagen
Von der alten, schönen Zeit.

Die Mondesschimmer fliegen,
Als säh ich unter mir
Das Schloß im Tale liegen,
Und ist doch so weit von hier!

Als müßte in dem Garten
Voll Rosen weiß und rot,
Meine Liebste auf mich warten,
Und ist doch lange tot.

(G58)

Schöne Fremde

Es rauschen die Wipfel und schauern,
Als machten zu dieser Stund
Um die halbversunkenen Mauern
Die alten Götter die Rund.

Hier hinter den Myrtenbäumen
In heimlich dämmernder Pracht,
Was sprichst du wirr wie in Träumen
Zu mir, phantastische Nacht?

Es funkeln auf mich alle Sterne
Mit glühendem Liebesblick,
Es redet trunken die Ferne
Wie von künftigem großen Glück! –

(G 77)

EGON SCHWARZ

Seelische Gezeiten des Ich. Depression und Manie

Für viele seiner Landsleute war Eichendorff der Poet par excellence, die Erfüllung ihrer Vorstellungen, was Poesie sein sollte. Lange Zeit galt er ihnen als der echteste, liebenswürdigste und ›gesündeste‹ Lyriker der deutschen Romantik, die ohnehin für ihre großen dichterischen Talente berühmt ist. Eichendorffs Lieder sind immer wieder vertont worden und einige von ihnen haben, bereichert um die eingängige Dimension der Musik, jenen Grad der Bekanntheit erreicht, bei der Dichter und Komponist in Vergessenheit geraten und nur Wort und Melodie im Volk weiterleben, in einer Anonymität, die an Unsterblichkeit grenzt.

Eichendorffs lyrische Werke zeichnen sich durch ihre Vielseitigkeit und zugleich durch ihre erstaunliche Einheitlichkeit aus. Kurze sprichwortartige Strophen wechseln mit langen episch-erzählenden Romanzen ab, sangbare Gedichte mit solchen, deren Texte dramatisch auf mehrere sprechende Personen verteilt sind. Eichendorff gebraucht lange und kurze Zeilen, unterschiedliche Rhythmen, viele Arten von im Deutschen üblichen Reimen sowie spanische Assonanzen. Er schreibt Naturpoesie, Jagd-, Soldaten-, und Trinklieder, religiöse Gedichte, Wander- und Liebeslieder, Balladen und Humoresken, Widmungsgedichte, geistliche Lieder.

Was dieser Vielfalt Einheitlichkeit verleiht, ist die begrenzte Zahl der Motive und Themen. Der bekannte Eichendorff'sche ›Ton‹, der es möglich macht, jedes Gedicht unschwer als das seine zu erkennen, hängt mit dieser Selbstbeschränkung zusammen. Unermüdlich beschwört er dieselben Landschaften und Naturgegenstände herauf, malt er die gleichen Farben, läßt die gleichen Geräusche erschallen, die gleichen Sonnenaufgänge leuchten, das gleiche Sternengefunkel blinken, die gleichen Stimmungen vorbeiziehen. Diese Wiederholungen atmosphärischer Effekte haben aber eine erstaunliche Vertiefung der Gemütswerte zur Folge. Es entsteht dadurch nicht nur eine besonders dichte Welt, sondern etwas Magisches ereignet sich mit den einzelnen Wörtern. Da sie immer wieder auftauchen, doch jedesmal in anderen semantischen Kontexten oder rhythmischen Kombinationen, bildet sich ein ungewöhnlicher Reichtum an emotiven Assoziationen und Konnotationen um ihren Bedeutungskern, wodurch sich schließlich die Eichendorff'schen Vokabeln von den Definitionen trennen, die man im Lexikon findet. Zusammen ergeben sie eine neue Gefühlssprache, die man sich zum Verständnis der so einfach anmutenden Gedichte erst erwerben muß. So wie es unvermeidlich ist, erst Chinesisch zu lernen, um chinesische Poesie zu lesen, so muß man sich das ›Eichendorff'sche‹ Vokabular aneignen, um die ganze Wirkung seiner Gedichte zu erfahren.

Die Sprachwelt Eichendorffs bildet zugleich ein eigenes ›Idearium‹, einen ständig wiederkehrenden Bestand von Vorstellungen, denen man weder mit der Alltagssprache noch mit einem einzigen Gedicht beikommen kann. Aus seinen Vokabeln muß man sozusagen einen eigenen Eichendorff-Diktionär zusammenstellen, und daraus entsteht eine weitere Vereinheitlichung, die gedankliche Struktur seiner Thematik. Der gläubige, katholische Eichendorff hatte ein dualistisches, von mittelalterlichen Vorstellungen geprägtes Weltbild. Die christlichen Dichotomien von Gott und Welt, Himmel und Hölle, Heiligkeit und Verruchtheit kehren in unaufdringlicher Weise in seiner Poesie wieder, wo sie sich dann in Gegensatzpaaren wie ›Deutschland‹ und ›Italien‹ fortsetzen oder als Melancholie und Lebenslust, Seßhaftigkeit und Wanderlust, Bürgerlichkeit und Kunst Gestalt gewinnen – und eben als Heimat und Fremde wie in den beiden vorstehenden Gedichten.

So kann man fast alle Phänomene der Eichendorff'schen Welt in zwei oppositionellen Spalten anordnen. Die Spitzen der dualistischen Säulen werden aber von den allegorischen Leitgestalten Venus und Maria eingenommen, wodurch sie eine stark religiöse Färbung bekommen. Dieses Doppelbild ist für Eichendorff deshalb so aussagemächtig, weil es sich um zwei mythologische Liebesgöttinnen handelt, deren jede einer Grundkraft im Wesen des Dichters entspricht, seiner naturtrunkenen, sinnlichen Lebenslust auf der einen und seiner christlich gebändigten Liebesfrömmigkeit auf der anderen Seite, seinem Eros und seiner Caritas, die in ständigem Widerstreit miteinander liegen. Sobald die eine die Überhand zu nehmen im Begriff ist, schlägt das Pendel nach der anderen Seite aus, damit das seelische Gleichgewicht wieder hergestellt wird.

Damit sind die beiden rauschenden und raunenden Quellen im Werk Eichendorffs genannt, die einen in den Strom seiner Gedichte tragen. Sie erklären die bescheidene Anzahl seiner Motive und den Zweitakt seiner Weltanschauung, die großen Stimmungsschwankungen, denen seine Poesien trotz aller Ähnlichkeiten unterliegen. Diese Dynamik gilt auch für *In der Fremde* und *Schöne Fremde*.

Diese Gedichte bilden keine Ausnahme. Sie ähneln einander frappant, aber eine kleine Verschiebung auf dem Gesamtraster der Eichendorff'schen Poetik, und schon klingen sie in verschiedenen Tonarten, wie Moll (*In der Fremde*) und Dur (*Schöne Fremde*), schon geraten die beiden in einen unerwarteten Gegensatz zueinander. Bereits die Titel erzeugen dieses Schillern zwischen Gleichheit und Andersartigkeit. Beide künden von der »Fremde«, wie sehr viele Eichendorff'sche Gedichte, zum Beispiel jenes achtzeilige, das ebenfalls *In der Fremde* überschrieben ist.

Aus der Heimat hinter den Blitzen rot
Da kommen die Wolken her,
Aber Vater und Mutter sind lange tot,
Es kennt mich dort keiner mehr.
Wie bald, wie bald kommt die stille Zeit,
Da ruhe ich auch, und über mir
Rauschet die schöne Waldeinsamkeit
Und keiner mehr kennt mich auch hier.

(G27)

Trotz der Anklänge an Goethes »Warte nur, balde / Ruhest du auch« glaubt man nicht recht an das Ruheversprechen dieser Strophe. Was vorherrscht ist die Beschwörung von Verlust, Einsamkeit, Entfremdung und Tod.

Rückt die in den Titeln genannte »Fremde« die Gedichte einander nahe, so deutet der Zusatz »schön« im zweiten auf einen Unterschied, der dann im Text mächtig entfaltet wird. Die Ähnlichkeiten liegen auf der Hand. Das Reimschema in beiden Gedichten ist das gleiche: abab cdcd etc., mit weiblichen und männlichen Versenden (z. B. *In der Fremde*, V. 7/8 »sagen/Zeit«; und *Schöne Fremde*, V. 11/12 »Ferne/Glück«) und die Reime selbst sind von volkstümlicher Einfachheit: »schlagen/sagen«, »fliegen/liegen« (*In der Fremde*, V. 5–7 und 9–11) und »Stund/Rund«, »Sterne/Ferne« (*Schöne Fremde*, V. 2–4 und V. 9–11). Beide Gedichte schreiten in dreihebigen jambischen Versen einher, die jeweils in vierzeiligen Strophen gebündelt sind, das traditionelle Vers- und Strophenmaß des Volkslieds. Aber auch hier schleicht sich ein Unterschied ein. In *In der Fremde* sind die Versfüße durchweg Jamben, während in

Schöne Fremde die Jamben mit Daktylen alternieren (Daktylen z. B. in *Schöne Fremde* in V. 6 und 7 »dämmernder Pracht« und »wirr wie in Träumen«), was im Verein mit anderen Signalen einen atemlosen, getriebenen Eindruck erweckt.

Dieses Schema setzt sich fort, wenn man das Augenmerk auf den Inhalt richtet. Beide sind Nachtgedichte (*In der Fremde* V. 9, »Mondesschimmer«; *Schöne Fremde* V. 8 »Nacht« und V. 9 »Sterne«), in beiden rauscht es gleich zu Anfang in der Natur (*In der Fremde* V. 1 und 3; *Schöne Fremde* V. 1); ob es nun aus den Bäumen allein rauscht wie im zweiten oder aus Bächen und Bäumen wie im ersten Gedicht, macht nicht viel aus. In beiden spricht die Natur mit ihrem schwerverständlichen Rauschen und anderen Tönen zu einem erregbaren Ich, das sich die Botschaft erst in seine eigene Gemütssprache übertragen muß bzw. die eigenen Gefühle in die Natur projiziert, um ihrer bewußt zu werden, was sich jeweils grammatikalisch in einer irrealen, hypothetischen Ausdrucksweise niederschlägt (*In der Fremde* V. 7 »als wollten sie was sagen«, V. 10 »als säh« und V. 13 »als müßte«; *Schöne Fremde* V. 2 »als machten« und V. 11/12 »es redet trunken die Ferne / Wie von künftigem großen Glück«). Freilich rauscht es im zweiten Gedicht nicht nur, sondern es »schauert« auch (V. 1), wodurch sich ein ängstlicher Ton einmischt, der im ersten fehlt. Aber in beiden Fällen gerät das lyrische Ich durch die der Natur entströmende, doch schwer zu entziffernde Botschaft in starke seelische Erregung, Unsicherheit und Konfusion, die sich im ersten Gedicht durch Orts- und Gegenwartsverlust (V. 4 »Ich weiß nicht, wo ich bin« und V. 8 »alte[n], schöne[n] Zeit«), im zweiten ebenfalls durch Verwirrung des klaren Bewußtseins (V. 7 »wirr wie in Träumen«) und Zeitverschiebung (V. 12 »künftigem großen Glück«) ausdrückt.

Daraus geht aber bereits unmißverständlich hervor, daß trotz aller äußerlichen Parallelen die eigentliche Botschaft an das Ich jeweils eine ganz andere ist. Will man die Diskrepanz auf eine Formel bringen, dann könnte man sagen, im ersten Gedicht geht die Gemütsbewegung vom Heimweh, im zweiten vom Fernweh aus. Diese mit den Herzrhythmen als Systole und Diastole vorstellbaren poetischen Bewegungen lassen sich in vielen Eichendorff'schen Gedichten feststellen. In *In der Fremde* spürt der Leser eine autobiographische Note. Schließlich weiß man, daß die Familie des Dichters ihre schlesischen Besitzungen, daß der katholische und österreichorientierte Joseph von Eichendorff damit sein Kindheitsparadies verloren hatte und fortan seinen Lebensunterhalt als »Exilkatholik« im preußischen Staatsdienst verdienen mußte.

Aber man braucht das Schloß (V. 11) nicht mit dem Eichendorff'schen Besitz gleichzusetzen. Im Kontext des Gedichtes steht es für Verwurzelung, Sicherheit und verlorene Heimat, genauso wie die Geliebte (V. 15 »Meine Liebste«) keine lebensgeschichtliche zu sein braucht, sondern einfach als eine Personifizierung und Emotionalisierung dieser Verluste verstanden werden kann. Schließlich kennt man diese Chiffre auch aus anderen Eichendorff'schen Zusammenhängen wie z. B. aus dem beliebten und unvergeßlich vertonten Lied vom »kühlen Grunde«, aus dem die Liebste entschwunden ist. Der Tod der Geliebten, mit dem die letzte Zeile des ersten Gedichts eindrucksvoll ausklingt, ist ja auch kein historisch beglaubigter, sondern soll bloß dem Ganzen den Stempel der Trostlosigkeit, Endgültigkeit und Unwiederbringlichkeit aufdrücken.

Ist der Realitätsbezug im ersten Gedicht nicht zwingend, so fehlt er im zweiten ganz und gar, denn Eichendorff ist trotz aller Wünsche und Vorsätze niemals nach Italien gekommen, er hat das gelobte Land nur einmal auf Besuch bei seinem Bruder in Lienz von einem Berg aus erblicken dürfen. Daß dieses Sehnsuchtsziel auch hier gemeint ist, wird den Lesern durch die »Myrtenbäume« (V. 5) und die »alten Götter« (V. 4) deutlich gemacht, auch wenn sie nicht wissen, daß das Gedicht Eichendorffs Roman *Dichter und ihre Gesellen* entstammt und von Fortunat, einer der Zentralgestalten, an seinem ersten Abend in Rom für Fiametta gesungen wird. Wer aber diese Stelle im Roman kennt, der sollte sich auch erinnern, daß die Geliebte Boccaccios Fiametta hieß und daß Fiametta »Flämmchen« bedeutet, womit die Hitze und die erotische Sinnlichkeit ausgedrückt sind, die unverzichtbar zum mythischen Italienbild gehören. In *Schöne Fremde* ist das alles in den »glühenden Liebesblick« (V. 10) und die dionysische Trunkenheit (V. 11) zusammengedrängt, mit der das lyrische Ich sonst Unbelebtes ausstattet.

Wer aber sind die Götter? Wie aus vielen in Italien spielenden oder episodisch dorthin versetzten Werken des Dichters hervorgeht, nicht nur aus *Dichter und ihre Gesellen*, sondern zum Beispiel auch aus dem *Marmorbild* und dem *Taugenichts*, sind es die heidnischen Götter, die immer noch in den Ruinen ihrer Kultur herumspuken (V. 3), ihnen allen voran Venus, und den nordischen Reisenden sowohl verlocken als auch in seiner Christlichkeit bedrohen. In *Schöne Fremde* ist nur von der Verlockung die Rede (V. 12 »von künftigem großen Glück«). Daß aber die andere Komponente, die Bedrohung, immer als Möglichkeit, ja als unvermeidliche Konsequenz des mit der Fremde verbundenen Ich-Verlusts mitschwingt, wird deutlich, wenn man das ganze Eichendorff'sche Idearium überblickt. Freilich ist der Dualismus Deutschland – Italien, Wolken – Sonne, Keuschheit – Sinnlichkeit und so weiter, nicht auf Eichendorff, ja nicht einmal auf die Romantik beschränkt, sondern ein fester Bestandteil der deutschen kulturellen Mythologie und noch in unserem Jahrhundert bei Thomas Mann zu finden, z. B. in *Tonio Kröger*, wo die Dichotomie schon im Namen der Titelfigur anzutreffen ist. Und so ließe sich der ganze Gegensatzkatalog auch auf die beiden Gedichte anwenden. Ist man nicht in diese Mythologie eingeweiht, dann könnte man meinen, Bäume seien Bäume, aber in Deutschland ist es der Wald, der zum lyrischen Ich spricht (*In der Fremde* V. 3), in Italien sind es, vorgeprägt durch Goethes *Mignon* (»Kennst du das Land, wo die Zitronen blühn, / Im dunkeln Laub die Gold-Orangen glühn, / Ein sanfter Wind vom blauen Himmel weht, / Die Myrte still und hoch der Lorbeer steht –«), die Myrten (*Schöne Fremde* V. 5). Den Ich-Verlust in der Fremde gestaltet Eichendorff oft viel stärker als in diesen beiden Gedichten, etwa in *Die zwei Gesellen*, wo der eine sich in einer philiströsen Existenz »verliegt«, der andere den Lockungen der Ferne nachgibt und »sich verläuft«, um die mittelalterlichen Ausdrücke für die gegensätzlichen Gefahren zu gebrauchen, denen der christliche Ritter ausgesetzt war.

Dem zweiten sangen und logen
Die tausend Stimmen in Grund,
Verlockend' Sirenen, und zogen
Ihn in der buhlenden Wogen
Farbig klingenden Schlund.

(G 62)

Auch hier sind wieder die verräterischen Daktylen. Sie und das Vokabular (»logen«, »verlockend«, und »Schlund«) enthalten bereits alle nötigen Warnungen, so daß man keineswegs erstaunt ist, daß der Geselle »müde und alt« ist, »wie er auftaucht vom Schlunde«.

Wer geneigt ist, in der »schönen Fremde« des zweiten Gedichts die Erfüllung eines Versprechens zu sehen und dem Glück der letzten Zeile traut, der hat nicht auf die ominösen Signale geachtet, das Schauern der Wipfel (V. 1), die Ruinen (V. 3), das Aufleben der heidnischen Gottheiten (V. 4), das wirre Reden der Nacht (V. 7/8), das Verzehrende des glühenden Liebesblicks (V. 10), die Trunkenheit der Heimatferne (V. 11) und das ›Als ob‹ in der letzten

Zeile (»Wie von künftigem, großen Glück«). Nein, dieses Glück ist trügerisch, ebenso wie die Euphorie am Ende des Gedichts *Frische Fahrt*, wo es in der letzten Strophe ebenfalls mit einer Lebensmetapher unmißverständlich heißt »Auf dem Strome will ich fahren, / Von dem Glanze selig blind!«. Wenn das Ich jede Vorsicht in den Wind schlägt und ausruft »Und ich mag mich nicht bewahren!« und endlich sogar »Fahre zu! ich mag nicht fragen, / Wo die Fahrt zu Ende geht« (G 13), so wissen doch Leser und Dichter, was der unausbleibliche Ausgang einer solchen Hybris sein muß, auch wenn die Katastrophe nicht mehr geschildert wird. In diesem Gedicht wie in der *Schönen Fremden* gibt es düstere Vorzeichen und die Fröhlichkeit bekommt einen leicht hysterischen Anstrich.

Die beiden Gedichte gleichen einander, indem sie beide Ich-Verlust und Flucht aus der Gegenwart gestalten. Aber sie verhalten sich zueinander wie die depressiven und manischen Phasen einer Gemütskrankheit. In jedem ist es die gleiche Persona, die von ihr befallen ist, aber im ersten wirkt die Fremde bedrückend und läßt das Bild einer ehemals schützenden, nun aber entschwundenen Vergangenheit aufleuchten, im zweiten ist die Fremde verlockend und glückverheißend, doch der mitreißende Seelenaufschwung, den das Ich dabei empfindet, ist trügerisch, die Freude manisch krankhaft. In beiden ist das Ich wehrlos dämonischen Einflüssen ausgeliefert. Obgleich – oder vielleicht gerade weil – sie aus der Natur zu kommen scheinen, sind sie im Grunde nichts anderes als die inneren seelischen Gezeiten des Ich. Spätestens seit T. S. Eliots Formulierung hat sich die Gewißheit durchgesetzt, daß die in der Lyrik beschworenen Naturdinge oft nichts anderes sind als »the green correlatives of the heart«, die »grünen« Entsprechungen seelischer Zustände. Einmal fällt Eichendorffs lyrisches Ich der Melancholie, das andere Mal der manischen Überschwenglichkeit anheim und leidet, wie bereits die Titel besagen, an einer unheilbaren Entfremdung von Selbst, Ort und Zeit.

Nimmt man diesen Befund ernst, dann muß man die gängige Auffassung von einem ausschließlich frischen, fröhlichen und freien Dichter revidieren.

Literaturhinweise

Brode, Hanspeter: Einsamkeit, ganz gegenwärtig (Joseph von Eichendorff: »In der Fremde«). In: Frankfurter Anthologie. Hrsg. von Marcel Reich-Ranicki. Bd. 7. Frankfurt a. M. 1983. S. 81–84.

Hummelt, Norbert: »In der Fremde«. Krisenbewußtsein und poetischer Widerstand als Elemente ›romantischer Weltsicht‹. In: Text und Kritik 143 (1999) S. 39–47.

Schwarz, Egon: Joseph von Eichendorff. New York 1972. (Twayne's World Authors Series 163.).

An die Oder

Du blauer Fluß, an deßen grünem Strande
Ich Licht u. Lenz zum 1^{t}male schaute,
In frommer Sehnsucht still mein Schifflein baute,
Wie manch' Schiff unten kam u. zog u. schwande.
Von blauen Bergen über'm Glänz'gen Lande
Bracht'st du mir Gruß u. fröhl'che, seel'ge Laute,
Daß ich den blauen Winden mich vertraute,
Vom Ufer lösend hoffnungsreich die Bande.
Noch wußt' ich nicht wohin, noch was ich meyne,
Doch Morgenroth sah ich unsterblich quellen,
Wie liebt' ich Freiheit, Liebe, Kraft u. Tugend!
Als ob das schöne Leben mich nur meine,
Fühlt' ich zu ferner Braut die Seegel schwellen,
All' Wimpel rauschten da in ew'ger Jugend.

(SW 1/3,179)

Jugendsehnen

Du blauer Strom, an deßen duft'gem Strande
Ich Licht u. Lenz zum erstenmale schaute,
In frommer Sehnsucht mir mein Schifflein baute,
Wann Segel unten kamen und verschwanden.

Von fernen Bergen über'm weiten Lande
Bracht'st du mir Gruß u. fremde frohe Laute,
Daß ich den Frühlingslüften mich vertraute,
Vom Ufer lösend hoffnungsreich die Bande.

Noch wußt' ich nicht, wohin und was ich meyne,
Doch Morgenroth sah ich unendlich quellen,
Das Herz voll Freiheit, Kraft der Treue, Tugend;

Als ob des Lebens Glanz für mich nur scheine,
Fühlt' ich zu fernem Ziel die Seegel schwellen,
All' Wimpel rauschten da in ew'ger Jugend.

(SW 1/4, 290 f.)

Der irre Spielmann

Aus stiller Kindheit unschuldiger Hut
Trieb mich der tolle, frevelnde Muth.
Seit ich da draußen so frei nun bin,
Find' ich nicht wieder nach Hause mich hin.

Durch's Leben jag' ich manch trüg'risch Bild,
Wer ist der Jäger da? wer ist das Wild?
Es pfeift der Wind mir schneidend durch's Haar,
Ach Welt, wie bist du so kalt und klar!

Du frommes Kindlein im stillen Haus,
Schau' nicht so lüstern zum Fenster hinaus!
Frag mich nicht, Kindlein, woher und wohin?
Weiß ich doch selber nicht, wo ich bin!

Von Sünde und Reue zerrissen die Brust,
Wie rasend in verzweifelter Lust,
Brech' ich im Fluge mir Blumen zum Strauß,
Wird doch kein fröhlicher Kranz daraus! –

Ich möcht' in den tiefsten Wald wohl hinein,
Recht aus der Brust den Jammer zu schrein,
Ich möchte reiten an's Ende der Welt,
Wo der Mond und die Sonne hinunter fällt.

Wo schwindelnd beginnt die Ewigkeit,
Wie ein Meer, so erschrecklich still und weit,
Da sinken all' Ström' und Segel hinein,
Da wird es wohl endlich auch ruhig sein.

(SW 1/1,52 f.)

KLAUS PETER

Utopie und Verzweiflung

Das Gedicht *Jugendsehnen* erschien unter diesem Titel erstmals in der Ausgabe *Sämmtliche Werke*, 2. Auflage. *Mit des Verfassers Portrait und Facsimile*, hrsg. von Hermann von Eichendorff, Bd. 1., Leipzig, Voigt und Günther 1864. Laut dieser Ausgabe ist das Gedicht 1808 entstanden. Es gibt jedoch eine andere Fassung dieser Verse: *An die Oder*. Diese Fassung erschien zuerst in der Ausgabe *Jugendgedichte. Vermehrt durch ungedruckte Gedichte aus dem handschriftlichen Nachlaß*, hrsg. und eingeleitet von R. Pissin. Berlin, Frensdorff 1906. Die Fassung *Jugendsehnen* ist vermutlich eine spätere Bearbeitung der Fassung *An die Oder*. Die Authentizität der Bearbeitung ist nicht gesichert, da Eichendorffs Sohn Hermann von Eichendorff, der Herausgeber der *Sämmtlichen Werke*, die Texte des Vaters an vielen Stellen änderte. Die Fassung *An die Oder* wurde von Pissin aus der Handschrift mitgeteilt.

Inhaltlich unterscheiden sich die beiden Fassungen kaum, trotzdem gibt es einige bezeichnende Differenzen. So adressiert der Dichter in beiden Fassungen einen Fluß, aber nur in der früheren Fassung erfahren wir dessen Namen. Der Name der Oder verbindet das Gedicht jedoch unmittelbar mit Eichendorffs Heimat in Oberschlesien, während das Verschweigen des Namens das Spezifische des Ortes verschleiert. An der Oder lagen Gut und Schloß Lubowitz, wo Eichendorff geboren wurde und aufwuchs. Wer sich einmal mit Eichendorff beschäftigte, kennt die entscheidende Rolle, die Lubowitz als Quelle der Erinnerung für seine Dichtung spielt. Das Ende der Kindheit und Jugend in Lubowitz war schließlich identisch mit dem Verlust des Familienbesitzes.

1807/08 war Eichendorff mit seinem älteren Bruder Wilhelm zunächst in Heidelberg. Nachdem Napoleon 1806 die Universität Halle geschlossen hatte, beschlossen die Brüder Eichendorff 1807 ihre Studien in Heidelberg fortzusetzen. Im Mai desselben Jahres kamen sie in der Neckarstadt an und blieben ein Jahr; im Mai 1808 verließen sie Heidelberg in Richtung Wien. In Heidelberg lernten sie wichtige Repräsentanten der Romantik kennen, vor allem Joseph Görres, dessen Vorlesungen sie besuchten und dessen persönliche Bekanntschaft sie machten. Sie lasen *Des Knaben Wunderhorn* und bewunderten die Dichtungen des Grafen Loeben. Während Eichendorff Brentano und Arnim erst später in Berlin näher kennenlernte, gehörte er in Heidelberg zu dem engeren Kreis um Loeben. Später distanzierte er sich von dem Dichter, in Heidelberg half Loeben jedoch nicht nur bei der Veröffentlichung der ersten Gedichte Eichendorffs mit, sondern wirkte auch als Inspiration. Jedenfalls haben die Heidelberger Einflüsse wesentlich dazu beigetragen, daß Eichendorff der Romantiker wurde, als den wir ihn kennen. – Im Sommer 1808 kehrten die Brüder Eichendorff nach Lubowitz zurück, wo sie den Vater bei der Verwaltung der Güter unterstützten.

Damals entstand wohl *An die Oder*. Es überrascht, daß das Gedicht, das später den Titel *Jugendsehnen* erhielt, von der Jugend bereits in der Vergangenheit spricht. Eichendorff war 1808 erst 20 Jahre alt. Offenbar fühlte er sich nach dem Studium und seinen Reisen – zuletzt hatten die beiden Brüder auf der unter jungen Adligen damals üblichen ›Bildungsreise‹ Wien und Paris besucht – bereits als Erwachsener; vor allem aber ließen sich 1808 die finanziellen Probleme der Familie nicht mehr länger ignorieren. Es zeichnete sich bereits der drohende Verlust der ›Heimat‹ ab. Vor diesem Hintergrund erscheinen die Verse, trotz des jugendlichen Sehnens, von dem sie sprechen, nicht frei von Melancholie.

Beide Fassungen sind Sonette, eine Strophenform, die bei Eichendorff nicht allzu häufig vorkommt, die aber z. B. auch beim späten Eichendorff noch in den »geistlichen« und in den »Zeitgedichten« zu finden ist; meistens bevorzugte er die Volksliedstrophe. Damals jedoch, 1808, schrieb er – anscheinend unter dem Einfluß Loebens – mehrere Sonette. In den ersten beiden Strophen, den Quartetten, erzählt der Dichter von dem Fluß, an dem er geboren wurde, und der ihm eine erste Ahnung von der großen weiten Welt vermittelte. Die Schiffe, die er auf der Oder beobachtete, brachten ihm freundliche Grüße aus der unbekannten Ferne und voller Sehnsucht baute er sein eigenes Schifflein, vielleicht nur erst in Gedanken, mit dem er in die Welt hinaussegeln wollte. Voller Hoffnung auf die Zukunft wollte er sich von dem festen und sicheren Ufer abstoßen und ins Ungewisse aufbrechen. In den nächsten beiden Strophen, den Terzetten des Sonetts, beschreibt der Dichter seine damalige Stimmung. Noch war ihm unklar, worauf sich sein Sehnen richtete, aber er wußte, daß ein neuer Tag auf ihn wartete: Morgenrot sah er »unsterblich quellen« (*An die Oder*, V. 10). Und das Neue, die Zukunft, verband sich ihm mit so positiven Begriffen wie Freiheit, Liebe, Kraft und Tugend. Liebe: konkreter spricht die frühe Fassung von Erotischem, von der Braut, die ihn in der Ferne erwartete (V. 13). So beschreibt diese Fassung am Ende den Aufbruch zu ihr. In der Sehnsucht nach dieser Braut verspürt er seine Jugend, die noch ohne Grenzen ist.

Die Sprache beider Fassungen gestaltet diesen Aufbruch, die Loslösung von der Gegenwart in Richtung Zukunft, indem sie auf eine realistische Beschreibung verzichtet. Die beschriebene Landschaft ruht nicht realistisch schwer in sich selbst, sondern öffnet den Blick auf das Jenseits der gegenwärtigen Realität, auf das Jenseits, nach dem sich der Dichter in der Ferne sehnt. So ist in der frühen Fassung der Name der Oder noch ein realistisches Detail, das die spätere Fassung tilgt: Sie spricht von dem Fluß, als ob es jeder Fluß sein könnte. Denn jeder Fluß war zu Beginn des 19. Jahrhunderts noch »blau« und hatte einen »grünen« Strand (V. 1). Auch erscheinen alle Berge im Dunst der Ferne »blau« und im Sonnenschein glänzt das Land überall in besonderer Pracht (V. 5). Sogar die Winde sind »blau« (V. 7), die den Dichter auf seinem Schifflein davontragen. Die Landschaft ist so unspezifisch, daß sie – wie selbst von der Sehnsucht bewegt – über ihre Wirklichkeit gleichsam hinausstrebt. So entspricht sie der Stimmung des Dichters auf dem Weg zu seiner Braut. Übrigens ist der späteren Fassung selbst die Braut zu konkret: Sie opfert das Erotische, indem sie die Braut zu einem bloßen »Ziel« verallgemeinert (V. 13). Auch andere Verallgemeinerungen nehmen dem Gedicht in der späteren Fassung etwas von seiner Frische und Lebendigkeit. So ist der Strand nicht mehr »grün« sondern »duftig« (V. 1); die Berge sind in der Ferne nicht mehr »blau« sondern eben nur »fern«, das Land glänzt nicht mehr in der Sonne, sondern ist einfach nur noch »weit« (V. 5), die Laute von den Schiffen erreichen das Ohr nicht länger »fröhlich« und »selig«, sondern nur noch »fremd« und »froh« (V. 6). Die »blauen Winde« werden zu »Frühlingslüften« (V. 7). – Dem entsprechen auch kleine Änderungen in der Form der Verse. Das Reimschema – abba, abba, cde, cde – ist in beiden Fassungen dasselbe, aber der gleichmäßig alternierende Rhythmus der Jamben wurde in der späteren Fassung an einigen Stellen geglättet, am auffälligsten im vierten Vers.

Die Sprache beider Fassungen ist jedoch nicht nur die Sprache der Sehnsucht; es ist auch die Sprache der Erinnerung. Im Unterschied zum 18. Jahrhundert, dem Zeitalter der Aufklärung, das Gegenstände in ihrer spezifischen, d. h. realistischen Form möglichst scharf kennzeichnete und damit voneinander trennte, vermied die Romantik scharfe Trennungen und liebte unscharfe Konturen. Sie bevorzugte Zustände und Situationen, die geeignet sind, Gegenstände in Bewegung zu setzen, ineinander übergehen zu lassen und Formen zu verwischen. Die Ferne von Orten und Zeiten galt mehr als die Nähe und interessant erschienen Träume und Phantasien. Die zeitliche Ferne: das ist meistens die Vergangenheit, die oft ins Mythische übergeht. Bei Eichendorff ist es die persönliche Vergangenheit, an die der Dichter sich erinnert. In dieser Erinnerung verschmelzen auch hier Vergangenes und Gegenwärtiges zu einer ›mythischen‹ Einheit. In ihr wird noch einmal lebendig, was sonst für immer verloren ist.

Diese Einheit prägt die Gedichte Eichendorffs durchweg, auch ihre Form: In *An die Oder* dienen der regelmäßige Rhythmus und die meist einfachen Reime dazu, diese Einheit herbeizuzaubern. Und die Vergangenheit ist bei Eichendorff stets die der Kindheit und Jugend in Lubowitz und Umgebung. Später, besonders nach dem Verlust der Familiengüter, kam zu der zeitlichen Ferne die räumliche hinzu. 1808 weilte der Dichter allerdings noch in Lubowitz, aber, so wußte der Zwanzigjährige offenbar, die gute und schöne Zeit dort war bereits vorüber. Davon jedenfalls berichtet diese frühe Lyrik. Es ist die zeitliche Ferne, die Strophe für Strophe die scharfen Konturen verwischt, den Fluß und den Strand, die Schiffe und das Land gleichsam ent-realisiert, d. h. leicht macht, so daß sie in die Gegenwart der Erinnerung eingehen können. Noch einmal kann der Dichter sich mit der Sehnsucht der Jugend, als das Leben noch neu und voller Hoffnung war, identifizieren und jung fühlen. Ja, wie der letzte Vers beider Fassungen betont, in diesem Augenblick, den die Erinnerung schafft, erscheint die Jugend selbst »ewig«, d. h. unverlierbar. Eichendorff hat sich allerdings immer bemüht, das Persönliche seiner Erinnerung so wenig persönlich wie möglich erscheinen zu lassen. Auch dies ein Grund, Spezifisches zu verallgemeinern, den Fluß nicht beim Namen zu nennen. So kann jeder Leser und jede Leserin sich mit der Erinnerung des Dichters identifizieren, die Jugend noch einmal genießen, deren Glück das Gedicht beschwört.

Der Erstdruck des Gedichtes *Der irre Spielmann* findet sich in *Gedichte von Joseph Freiherrn von Eichendorff*, Berlin, Duncker und Humblot 1837. Das Gedicht stammt wahrscheinlich aus dem Jahr 1817, da es teilweise in der Handschrift der Erzählung *Das Marmorbild* enthalten ist.

1817 war klar, daß Eichendorff einen bürgerlichen Beruf ausüben mußte: der Familienbesitz in Schlesien konnte ihn nicht länger ernähren. In Wien hatte er 1811–12 das juristische Staatsexamen bestanden. 1813 hatte er an dem Krieg gegen Napoleon teilgenommen und nach dem Krieg eine Stelle als »Expedient beim Oberkriegskommissariat« in Berlin gefunden. Er heiratete 1815 und begann 1816 in Breslau, das wie Schlesien überhaupt seit dem Siebenjährigen Krieg zu Preußen gehörte, eine Karriere als preußischer Beamter, die ihn später auch nach Danzig, Königsberg und Berlin führte. Der Abschied von der Heimat, von Lubowitz, war unwiderruflich. Eichendorff lebte als Katholik in dem protestantischen Norddeutschland wie in der Fremde. Seit 1810 kam er nur noch selten nach Lubowitz, nach dem Tod der Eltern – der Vater starb 1818, die Mutter 1822 – gar nicht mehr. Dies ist der biographische Hintergrund für *Der irre Spielmann*.

Zu Beginn der Erzählung *Das Marmorbild* findet sich eine Stelle, die auf eigentümliche Weise die Motive der beiden Gedichte, *An die Oder* und *Der irre Spielmann*, miteinander verknüpft. Florio, ein junger Adliger, der in Gesellschaft eines Fremden auf die Stadt Lucca zureitet, erzählt von sich selbst: »›Ich habe jetzt [...] das Reisen erwählt, und befinde mich wie aus einem Gefängniß erlöst, alle alten Wünsche und Freuden sind nun auf einmal in Freiheit gesetzt. Auf dem Lande in der Stille aufgewachsen, wie lange habe ich da die fernen blauen Berge sehnsüchtig betrachtet, wenn der Frühling wie ein zauberischer Spielmann durch unsern Garten ging und von der wunderschönen Ferne verlockend sang und von großer, unermeßlicher Lust.‹ – Der Fremde war über die letzten Worte in tiefe Gedanken versunken. ›Habt Ihr wohl jemals‹, sagte er zerstreut aber sehr ernsthaft, ›von dem wunderbaren Spielmann gehört, der durch seine Töne die Jugend in einen Zauberberg hinein verlockt, aus dem Keiner wieder zurückgekehrt ist? Hütet euch!‹« (SW 5/1,32) Florio, der junge Dichter und deutlich ein alter ego Eichendorffs, erliegt dieser Verlockung in der Erzählung und entkommt dem Untergang nur mit Not. Die Warnung des Fremden ist kein leeres Wort. Es ist bekanntlich Frau Venus, die Florio in ihren Bann zieht, es ist der Sinnenzauber, der im Zauberberg lockt und bis zu Thomas Mann seine Wirkung ausübte. Florio rettet bei Eichendorff schließlich ein einfaches Volkslied, und die Erzählung findet ein glückliches Ende.

Von einem glücklichen Ende kann in dem Gedicht *Der irre Spielmann* keine Rede sein. Den »irren Spielmann« treibt sein Schicksal in den Wahnsinn und das Gedicht endet mit der Sehnsucht nach Untergang und Tod. Wahnsinn und Tod bilden in Eichendorffs dichterischer Welt tatsächlich den Gegenpol zu der jugendlichen Sehnsucht. Zahlreiche Zeugnisse belegen, daß Eichendorff selbst den Sog verspürte, der in Wahnsinn mündet. Auch der Bruder berichtete in Briefen an Eichendorff von dem Fluch, der nach seiner Meinung die Familie ins Unglück stürzte. 1814 drückte er, der Eichendorff sehr nahe stand, dies besonders drastisch aus. Er schreibt dem Bruder von seiner Liebe zu einer jungen Frau und von seinen Hemmungen, sie an sich zu binden. Eine verzweifelte Situation: »Mein ganzes Herz war voll; ich irrte durch einige Straßen, zerrissen von den wehmütigsten Empfindungen, und trat endlich in den Dom, der ganz menschenleer war. Ich kniete in einer Nebenkapelle vor ein Marienbild hin und betete aus dem innersten Grund des Herzens, dieses arme gute Kind aus den Klauen des Teufels zu erretten, und sie nicht mit hinein in den Zauberkreis sinken zu lassen, mit dem der böse Geist mich und Dich seit Jahren umzogen hat, und der uns unstet und armselig durch die ganze wilde Welt peitscht.« (Stöcklein 1963, S. 118.) Viel später, um 1830, hat Eichendorff selbst in einem Gedicht, das dem Bruder gewidmet ist, Ähnliches ausgesprochen. Er erinnert den Bruder an die Heimat, an das Schloß Lubowitz, den Garten, an die Brunnen und Bäume, die rauschen, als ob sie von der »alten schönen Zeit« sängen. Die letzte Strophe aber lautet:

Ihr Wipfel u. ihr Brunnen, rauscht nur zu!
Wohin du auch in wilder Flucht magst dringen:
Du findest nirgends Ruh!
Erreichen wird dich das geheime Singen,
In dieses Sees wunderbaren Ringen
Gehn wir doch unter, ich und du!

(SW I/3,202 f.)

Eichendorff hat diese Verse selbst nie veröffentlicht, sie waren ihm zu persönlich. War die Heimat selbst der Fluch, wie die Brüder zuweilen annahmen, oder der Verlust der Heimat? Das läßt sich wohl nie ergründen. Tatsache ist die Gefahr des Untergangs, die, wie der Fremde Florio warnt, von derselben Sehnsucht ausgeht, die in der Jugend den Dichter in die Ferne lockt.

Davon handelt das Gedicht *Der irre Spielmann*. Sechs Strophen mit jeweils vier Versen, deren durchweg männliche Reime dem Schema aabb folgen, beschreiben das Schicksal des unglücklichen Dichters wie im Zorn, mit einer für Eichendorff außerordentlich expressiven Sprache, deren Rhythmus durch Jamben, Trochäen und Daktylen geprägt ist. Vertraute Volksliedmotive erscheinen grell verzerrt, so daß die Verzweiflung auf erschreckende Weise deutlich wird. Die Frage, wer Jäger sei und wer Wild (V. 6), der pfeifende Wind in des Dichters Haar (V. 7), der Blumenstrauß, der keinen »fröhlichen Kranz« ergibt (V. 15/16), der »tiefste Wald«, wo der Dichter sich den Jammer aus der Brust schreien möchte (V. 17/18) – das alles weist auf eine Welt, die aus den Fugen ist. Sie prägt das Leben des Dichters. Aus der Geborgenheit einer »stillen«, »unschuldigen« Kindheit (V. 1) trieb ihn der »tolle, frevelnde Muth« (V. 2) in eine Freiheit, die ihm nun den Weg nach Hause verwehrt (V. 3/4). Die Sehnsucht nach der Ferne kostete ihn die Heimat. Er jagt durch die Welt nach Gütern und nach Werten, die nichts als Illusionen sind. »Kalt« und »klar« ist diese Welt (V. 8), ohne Mitleid und Erbarmen. Wie der Fremde in *Das Marmorbild* Florio vor den Lokkungen einer unbekannten Welt warnt, so warnt der Dichter hier die Jugend, die mit »lüsternem« Blick aus dem Fenster schaut (V. 10). Ihm selbst zerreißen »Sünde« und »Reue« die Brust (V. 13) und stürzen ihn in eine Verzweiflung, aus der er keinen Ausweg weiß. Er sehnt sich nach dem »Ende der Welt«, wenn – mit einem Hinweis auf die Bibel – Sonne und Mond ihren Schein verlieren (V. 19/20) und alle Flüsse und Schiffe in die Ewigkeit des Nichts versinken (V. 21–23). Im Untergang hofft auch er, endlich Ruhe zu finden.

In unseren Gedichten ist die Rede vom Dichter. Nicht jeder oder jede sehnt sich in der Jugend nach der Ferne, nicht jeder oder jede verläßt daraufhin die Heimat, löst vom sicheren Ufer die Bande und segelt ins Ungewisse. Viele bleiben zu Hause oder kommen nicht weit, sie ergreifen einen festen Beruf, gründen eine Familie und erfahren nie, wozu den Dichter sein Schicksal verurteilt. Die Romantik, auch Eichendorff, nannte sie verachtungsvoll Philister. Bisweilen mischte sich in die Verachtung wohl auch Neid. Eichendorff porträtierte die beiden Lebensweisen in dem berühmten Gedicht *Die zwei Gesellen*. Zwei junge Männer brechen von zu Hause auf, in der Welt ihr Glück zu suchen. Bald jedoch trennen sich ihre Wege. Eichendorff beschreibt dies so:

Der erste, der fand ein Liebchen,
Die Schwieger kauft' Hof und Haus;
Der wiegte gar bald ein Bübchen,
Und sah aus heimlichen Stübchen
Behaglich ins Feld hinaus.

Dem zweiten sangen und logen
Die tausend Stimmen in Grund,
Verlockend' Sirenen, und zogen
Ihn in der buhlenden Wogen
Farbig klingenden Schlund.

(G 61 f.)

Der zweite ist der Dichter, um den es geht. Er hört die Stimmen »im Grund«, die in Eichendorffs Werk überall locken und ihren Zauber ausüben. Hier sind es die Sirenen, in der Erzählung *Das Marmorbild* ist es Frau Venus, die Florio verführt, an anderer Stelle sind es andere, meist heidnische »Bräute«, die die Sinne reizen, etwa die Hexe Lorelei oder andere Feen und Nixen. Wer sie hört und der erotischen Sehnsucht folgt, ist verloren. Wer sie nicht hört, ist kein Dichter. Demnach droht dem Dichter von Anfang an der Untergang – und die Sehnsucht der Jugend, die Freiheit und Glück, auch und besonders erotisches Glück verspricht, ist eine Lüge. Allein die Erinnerung kann dem Dichter das Glück gewähren, das ihm die Welt, so wie sie ist, stets vorenthält. So erscheint das Glück als Utopie und das Unglück als die Realität, die den Dichter in die Verzweiflung treibt. Deshalb hat Eichendorff sich in seinen Werken, in den Romanen und Erzählungen ebenso wie in den Gedichten, meist strikt an die Erinnerung gehalten und die Gegenwart ganz und gar ausgeblendet. Regelmäßig vernichtete er Zeugnisse dieser Gegenwart (Briefe, Dokumente etc.), allein die Vergangenheit sollte gelten. Die Vergangenheit, wie sie in der Erinnerung weiterlebt.

Und diese Vergangenheit, das waren Kindheit und Jugend in Lubowitz. Was war so besonders an dieser Kindheit und Jugend? Eichendorff wurde ein Jahr vor der Französischen Revolution geboren. Während 1789 die Ereignisse in Paris und ihre Folgen Europa veränderten, die feudalen Mächte sich gegen das Neue wehrten und die umherziehenden Armeen in den sogenannten Revolutionskriegen für alle sichtbar den Umbruch vor Augen führten, erlebte Eichendorff auf Schloß Lubowitz, fernab von der Politik des Tages, die Jahrhundertwende noch im Schutz der feudalen Privilegien, die dem Adel in der Provinz ein weitgehend unbekümmert freies Leben erlaubten. Genau dieses Leben und das Glück, das es gewährte, hat Eichendorff in seinem Werk immer wieder aufs neue beschworen. Das bezeichnet seinen Konservativismus. Denn es ist das Leben junger Adliger, in den Romanen und Erzählungen meist Grafen und Gräfinnen, die, durch ihre Privilegien aller drückenden Pflichten ledig, ihre Zeit mit Reisen, Jagden, Festen, mit Liebschaften und Poesie verbringen. Die Freiheit ist bei Eichendorff ein entscheidender Begriff. Nie mehr hat er selbst sich freier gefühlt, so voller Hoffnung, wie in Lubowitz. Sein Werk zelebriert denn auch immer aufs neue Aufbrüche und Sonnenaufgänge, neue Tage, wenn das Leben noch frisch und unverbraucht ist. Freilich, das alles glänzt so golden nur als endgültig Vergangenes, als Erinnertes. In Wirklichkeit war diese Welt auch in Schlesien damals bereits bedroht, was gerade die finanziellen Probleme der Familie Eichendorff belegen. Aber in der Erinnerung lebte diese glückliche Zeit fort und wurde damit zur Voraussetzung und Basis von Eichendorffs Dichtung. Aus der Erinnerung und ihrer Gestaltung im Werk schöpfte er die Kraft, in einer Welt zu bestehen, die so ganz anders war.

Warum endete der Dichter Eichendorff nicht wie der »irre Spielmann«? Daß er die Dämonen kannte, die den Dichter in den Abgrund ziehen, haben wir gesehen. Immer wieder hat Eichendorff vor ihnen gewarnt. Am Ende war es die katholische Religion, auf die er baute. Auch dies bezeugt das Werk. In dem Brief von 1814 erzählte der Bruder, wie er in die Kirche ging und betete. Auch Eichendorff selbst wies oft auf diese Möglichkeit hin und betrachtete den Glauben als Schutz gegen die Dämonen. Florio in *Das Marmorbild* rettet im entscheidenden Augenblick »ein altes, frommes Lied, das er in der Kindheit oft gehört und seitdem über den wechselnden Bildern der Reise fast vergessen hatte«. Und das Gedicht von den zwei Gesellen endet mit der folgenden Strophe:

Es singen und klingen die Wellen
Des Frühlings wohl über mir
Und seh ich so kecke Gesellen;
Die Tränen im Auge mir schwellen –
Ach Gott, führ uns liebreich zu Dir!

(G 62)

Das Schicksal beider Gesellen treibt dem Dichter die Tränen ins Auge und beide bedürfen für ihre Erlösung des Glaubens, aber besonders natürlich der zweite. Nur der Glaube kann den Bann brechen, der den Dichter dem Verderben weiht. Nur der Glaube wappnet ihn gegen den Wahnsinn. Vielleicht weist selbst das Gedicht *Der irre Spielmann* am Schluß in diese Richtung. Der Hinweis auf die Bibelstelle wurde bereits erwähnt: es handelt sich um

Mk. 13,24ff. Die Stelle schildert nicht nur das Ende der Welt, sondern auch die Wiederkunft Christi: »Aber zu der Zeit, nach dieser Trübsal, werden Sonne und Mond ihren Schein verlieren, und die Sterne werden vom Himmel fallen, und die Kräfte der Himmel werden sich bewegen. Und dann werden sie sehen des Menschen Sohn kommen in den Wolken mit großer Kraft und Herrlichkeit.« Vielleicht öffnet sich in der Ewigkeit, von der die letzte Strophe von *Der irre Spielmann* spricht, mehr als das Nichts, vielleicht deutet auch sie auf die Wiederkunft Christi hin. Jedenfalls war das die Hoffnung, die Eichendorff selbst, den Dichter, vor der Verzweiflung schützte.

Literaturhinweise

Adorno, Theodor W.: Zum Gedächtnis Eichendorffs. In: Theodor W. Adorno: Noten zur Literatur I. Frankfurt a. M. 1958. S. 105–143.

Hillach, Ansgar / Krabiel, Klaus-Dieter: Eichendorff-Kommentar. 2 Bde. München 1971/72.

Krabiel, Klaus-Dieter: Tradition und Bewegung. Zum sprachlichen Verfahren Eichendorffs. Stuttgart 1973.

Peniche, Sybille: Künstlertum und Gefährdung bei Eichendorff und E. T. A. Hoffmann. Los Angeles 1990.

Schiwy, Günther: Eichendorff. Der Dichter in seiner Zeit. Eine Biographie. München 2000.

Seidlin, Oskar: Versuche über Eichendorff. Göttingen 1965.

Stöcklein, Paul (Hrsg.): Eichendorff heute. Stimmen der Forschung mit einer Bibliographie. Darmstadt, 2. ergänzte Auflage 1966.

– Joseph von Eichendorff in Selbstzeugnissen und Bilddokumenten. Reinbek bei Hamburg 1963.

Gert Sautermeister

Eichendorffs Eros

Eichendorffs ambivalente Haltung zum einzelnen Motiv bezeugt sich eindringlich in seiner Darstellung des Eros. Die lyrische Phantasie entwirft Bilder einer erotischen Lockung, auf die das Ich mit der Bereitschaft zur Hingabe, ja zur Selbstpreisgabe antwortet (*Lockung*). Solcher Ich-Entgrenzung opponiert der Entwurf einer Gattenliebe, die das Ich zur Selbstbegrenzung im Schoß der Familie anleitet (*An Luise*). Die grenzensprengende »Lockung« ist damit nicht für immer gebannt. Eichendorff versetzt sie aus dem Reich der nächtlichen Phantasie in die Lebenspraxis, dorthin, wo Eros seine unsublimierte Triebkraft entfalten kann: im Boudoir der Dirne (*Verlorene Liebe*). Diese Exkursion einer ›freien Liebe‹ wird durchmischt und durchkreuzt von der Erinnerung an eine tote Geliebte, so daß ein Widerstreit entsteht zwischen triebbestimmtem und nostalgischem, sublimiertem Eros. Als eine Gegenkraft zur verführerischen »Lockung« der Nixe bzw. der Dirne läßt sich die religiöse Liebe verstehen, die der Mutter Gottes oder Gott selbst gewidmet ist (*Kirchenlied*). Hier zeichnet sich eine uralte Opposition ab: die zwischen einem archaisch-heidnischen und einem unsinnlich-christlichen Eros. Es charakterisiert Eichendorff, daß seine religiöse Alternative die Einwirkungen der sinnlich-körperlichen Liebe nicht verleugnen kann. Auch in der sublimierten Variante der christlichen Marienliebe schwingen die Ansprüche des heidnischen Eros unbewußt oder kaum bewußt fort. – Eichendorffs unterschiedliche Liebesarten ergeben ein Spektrum des romantischen Eros insgesamt. Erst wenn man seine Polyvalenz bedenkt, entgeht man einer ›monogamen‹ Blickrichtung, wie sie gelegentlich noch anzutreffen ist. Wir bündeln die lyrischen Darstellungen des Eros zu zwei Oppositionspaaren, zwischen denen wir von Fall zu Fall Brücken schlagen. Es wird sich zeigen, daß auch der literarhistorische Begriff der Romantik einer Differenzierung und Ergänzung bedarf und daß Eichendorffs romantische Lyrik am Geist der Biedermeierzeit ebenso teilhaben kann wie an einer ›frührealistischen‹ Darstellungsart.

Lockung

Hörst du nicht die Bäume rauschen
Draußen durch die stille Rund'?
Lockt's dich nicht hinabzulauschen
Von dem Söller in den Grund,
Wo die vielen Bäche gehen
Wunderbar im Mondenschein
Und die stillen Schlösser sehen
In den Fluß vom hohen Stein.

Kennst du noch die irren Lieder
Aus der alten schönen Zeit?
Sie erwachen alle wieder
Nachts in Waldeseinsamkeit,
Wenn die Bäume träumend lauschen
Und der Flieder duftet schwül
Und im Fluß die Nixen rauschen –
Komm herab, hier ist's so kühl.

(G 79)

An Luise

Ich wollt in Liedern oft dich preisen,
Die wunderstille Güte,
Wie du ein halbverwildertes Gemüte
Dir liebend hegst und heilst auf tausend süße Weisen,
Des Mannes Unruh und verworrnem Leben
Durch Tränen lächelnd bis zum Tod ergeben.

Doch wie den Blick ich dichtend wende,
So schön in stillem Harme
Sitz'st du vor mir, das Kindlein auf dem Arme,
Im blauen Auge Treu und Frieden ohne Ende,
Und alles laß ich, wenn ich dich so schaue –
Ach, wen Gott lieb hat, gab er solche Fraue!

(G 138)

Von verlockender Selbstpreisgabe zur Gattenliebe

Das Gedicht *Lockung* – es findet sich ursprünglich im neunten Kapitel des ersten Buches von *Dichter und ihre Gesellen*[1] - hebt mit einer Frage an, einer Suggestivfrage: »Hörst du nicht die Bäume rauschen / Draußen durch die stille Rund'?« (V. 1/2) Suggestiv, weil der lyrische Sprecher sogleich ein Du anredet und sich an unser Gehör wendet. Wie könnten wir uns dem versagen, wie uns taub stellen? Ohne Verzug brechen die Anfangszeilen von 1834 in unseren aktuellen Aufenthaltsort ein, fast zwei Jahrhunderte überspringend, und rücken vor unsere Einbildungskraft Bäume und vor unsere ›Einhörkraft‹ ihr Rauschen. Ein klassischer, vielmehr ein klassisch-romantischer Fall für die Unverzüglichkeit und Umstandslosigkeit, mit der die Poesie in die Realität des Lesers eingreift und sich dieser zu bemächtigen sucht.

1 Vgl. dazu August Langen, S. 57 f.

Des ›Lesers‹, womit hier selbstverständlich auch jede Leserin gemeint ist. Natürlich kann es sich bei dem »du« (V. 1 u. 9) auch um eine Selbstanrede des lyrischen Sprechers handeln, der im Akt des Schreibens das Rauschen der Bäume nachvollzieht oder durch die Einbildungskraft vor seine Sinne rückt. Aber spätestens mit der Drucklegung und Veröffentlichung seiner Niederschrift wird sein eigenes Du zu einem allgemeinen, das alle Leser anspricht.

Die zweite Frage übertrifft die erste noch an Suggestivkraft, zielt sie doch auf die Verführbarkeit des Du: »Lockt's dich nicht hinabzulauschen / Von dem Söller in den Grund [...]?« (V. 3/4) Und sie forciert diese Verführbarkeit durch ihren Satzbogen, der bis zum Ende der Strophe schwingt. Denn in diesem weitgespannten Bogen ziehen Bäche vor uns vorbei, nicht irgendwelche, sondern »im Mondenschein« (V. 6) voll Zauber erglänzende Bäche, und es tauchen Schlösser auf, die von ihren Felsen, »vom hohen Stein« (V. 8), hinabsehen auf den Fluß zu ihren Füßen.

Der ›Blick‹ der »stillen Schlösser« (V. 7) talabwärts zum Fluß vollendet die Bewegung des ›Hinablauschens‹, die der lyrische Sprecher gleich zu Anfang vorschlägt und vorführt. Dieser perspektivische Blickfall von oben nach unten bestimmt das Gedicht insgesamt. Die zweite Strophe läßt am Ende die Nixen hörbar rauschen: im Fluß unten, wo sie ihr lockendes Wesen treiben, klingt das Gedicht aus, das hoch oben an einem »Söller« (V. 4), einem balkonartigen Hausanbau, begonnen hat. Solche Vertikalen sind für Eichendorffs Landschaftsbilder charakteristisch; sie durchziehen seine Lyrik, und spiegeln wiederholt eine dynamische Lockung wider (*Frühlingsdämmerung*, *Jagdlied in Frühlingsahnen*, *Nachtzauber*). Die zwei jungen Gesellen in Eichendorffs *Sehnsucht* singen »Von schwindelnden Felsenschlüften, / Wo die Wälder rauschen so sacht, / Von Quellen, die von den Klüften / Sich stürzen in die Waldesnacht.« (G 81) Die Sehnsucht dieser Gesellen nach einer Ich-Entgrenzung haftet an der räumlichen Vertikalen, die geradezu schwindelerregend ist; zugleich enthält das sachte Rauschen der Wälder das Versprechen einer Bergung trotz des freien Falls, ähnlich wie das Rauschen der Nixen eine Bergung im Fluß nach dem Abstieg verspricht. Die räumliche Vertikale ist bei Eichendorff häufig auf eine seelische und triebbestimmte Bewegung hin transparent: auf die Entgrenzung des Selbst zum verborgenen Eros hin. Die Erkundung der Tiefe des Raums symbolisiert die Eröffnung der Tiefen, ja der Verliese des eigenen Innern. Doch davon später.

Eichendorffs Gedicht macht, wie bemerkt, »Lockung« durch seine Syntax und Topographie anschaulich. Und es macht sie unwiderstehlich durch die Anverwandlung der Landschaft an das Subjekt: durch eine mit diskreten Schritten erfolgende Vermenschlichung. Sie beginnt mit dem Bild der Bäche, welche »gehen« (V. 5), setzt sich fort mit der Ansicht der stillen Schlösser, welche »sehen« (V. 7), und durchwirkt die Waldeinsamkeit, in der »Lieder« »erwachen« (V. 9/11), keine unartikuliert formlosen, sondern die bestimmten »[...] irren Lieder / Aus der alten schönen Zeit« (V. 9/10), die ihre bestimmten ›Zuhörer‹ haben, die Bäume nämlich, die da »träumend lauschen« (V. 13), während die Nixen im Fluß eine hörbare Botschaft rauschen: »Komm herab, hier ist's so kühl.« (V. 16)

Diese Schlußbotschaft ist gleichsam die Pointe auf die fortschreitende Anthropomorphisierung der Landschaft durch den lyrischen Sprecher. Am Ende scheint die »gehende«, »sehende«, »erwachende«, »singende«, »träumende« und »lauschende« Landschaft ihrerseits zu sprechen. So erklimmt ihre lockende Kraft sukzessive eine Klimax. Sie wird zur Magie. Wir wohnen einer poetischen Operation bei, die Natur und Landschaft nicht als etwas Gegebenes nachbildet, sondern zu einer sinnlich-seelischen Energie um-bildet. Romantisches Dichten ist auch bei Eichendorff, dem im besonderen Maße Naturverbundenheit nachgerühmt wird, keine waldursprüngliche Mimesis, es ist kunstbewußte Umformung von Wald und Nacht, Strom und Feld. Gelegentlich gestattet Eichendorff dem Leser einen Blick in seine poetische Werkstatt und zeigt ihm genau, wie er vorgeht, mit der Natur umgeht und umspringt. *Am Strom* ist eins seiner Gedichte betitelt, wo das lyrische Ich an einem Fluß auf Bäume trifft. Zunächst nimmt es diese relativ ›natürlich‹ wahr, ihren Anblick mimetisch nachbildend: »Verträumt die stillen Weiden hingen / Hinab bis in die Wellen kühl.« (G 87)

Einzig das Attribut »verträumt« läßt auf die menschliche Fühlungnahme des lyrischen Ich schließen. Doch dann bildet es die Weiden energisch um und macht daraus neue, sinngebende Wesen kraft eines einzigen Wortes – der vergleichenden Konjunktion *wie*: »Die waren alle wie Sirenen / Mit feuchtem, langem, grünem Haar, / Und von der alten Zeit voll Sehnen / Sie sangen leis und wunderbar.« (G 87) Sirenen oder Nixen, das verrät dieser durchsichtige Vergleich, sind Wesen von Dichters Gnaden, bewußt hergestellte Figuren, nicht etwa ursprüngliche Kundgaben der Natur.

Signifikanter noch als die bildliche Umwandlung der Natur ist bei Eichendorff ihre rhythmische Transformation. Man vergegenwärtige sich das zunächst an einem eher unscheinbaren Beispiel. Wenn Eichendorff in der ersten Strophe die räumliche Vertikale aufbaut, so verleiht er ihr eine dynamisch lockende Kraft durch mehrere Enjambements: Zeilensprünge, die den Versen ein unaufhaltsames Gefälle geben. Das »Hinablauschen« des lyrischen Sprechers »von dem Söller in den Grund« (V. 4) ereignet sich gleichsam fließend von Zeile drei zu vier, ähnlich wie die Bäche den vom Mondlicht empfangenen Glanz in fließender Verkettung von Zeile fünf und sechs spiegeln, ähnlich wie die Schlösser ohne merkliche Zäsur hinuntersehen »in den Fluß vom hohen Stein« (V. 8); der Zeilensprung verleiht ihrem Blickfall rhythmische Unverzüglichkeit. So verhelfen denn Eichendorffs Enjambements der vertikalen

Perspektive zu ihrer Dynamik, ihrer abwärtsdrängenden Rhythmik.

Die zweite Strophe eröffnet der lyrische Sprecher mit einer behutsamen Verlangsamung des Tempos, um seiner Frage Nachdruck zu verleihen: »Kennst du noch die irren Lieder / Aus der alten schönen Zeit?« (V. 9/10) Die relative Selbständigkeit der beiden Satzteile mäßigt den Fluß des Enjambements. So kann der Leser die »irren Lieder« aus einer »schönen Zeit« bedenken – dieses befremdlich anmutende Paradox[2]. Der leicht verlangsamte Rhythmus erfaßt auch die beiden folgenden Verszeilen (11 und 12), wo fast jeder Trochäus ein merkliches Gewicht auf der betonten Silbe vorweist: moderato cantabile. Die daran angeschlossenen Nebensätze, drei an der Zahl (eingeleitet durch »Wenn«), nehmen jeweils eine Verszeile ein und sparen so das Enjambement aus; dergestalt legen sie am Versende eine Atempause nahe. Dennoch gewinnen sie einen bedrängenden, zum Ende hindrängenden Charakter, denn das »Wenn« (V. 13) des ersten Nebensatzes schwingt weiter in den zwei beigeordneten, mit »Und« (V. 14/15) anhebenden Folgesätzen; die Spannung wächst und verlangt nach einer Entladung, die endlich in der Schlußzeile erfolgt: »Komm herab, hier ist's so kühl.« (V. 16) So drängt der behutsam gemäßigte Rhythmus gleichwohl zum Finale hinab und pointiert damit die vertikale Bewegung des Gedichts.

Die zuvor stummen Nixen sind am Ende sprachmächtig, auch wenn diese Sprache nur ein »Rauschen« ist, das dem lyrischen Ich eine bestimmte Deutung nahelegt: die Lockung des Eros. Es scheint, als würden Nixen und lau-

2 Oskar Seidlin charakterisiert die »alte schöne Zeit« Eichendorffs als zugleich »selige und fluchbeladene Vergangenheit«; erlebt als ein erfülltes »Paradies«, will sich diese Zeit von der Zukunft und dem Tod abkapseln und jede »Zeitspannung« aufheben. Die »irren Lieder« würden diese sterile »Geschichtslosigkeit« eines »heidnischen« Paradieses bedeuten (S. 121). – Zum Motivkomplex vgl. auch Peter von Matts Aufsatz »Der irrende Leib«.

schendes Ich zu einem Einverständnis, vernehmbar in sprachverwandten Klängen, finden. Eben damit löst Eichendorff ein poetisches Programm ein, das er in einem Vierzeiler, überschrieben *Wünschelrute*, konzentriert niedergelegt hat:

Schläft ein Lied in allen Dingen,
Die da träumen fort und fort,
Und die Welt hebt an zu singen,
Triffst du nur das Zauberwort.

(G 32)

Hebt die Welt in *Lockung* mit dem Rauschen der Bäume und Nixen und den »irren Liedern« (V. 9) nicht zu »singen« an? Glaubwürdig wird diese Annahme erst, wenn der lyrische Sprecher eine musikalische Vorstellung von diesem Gesang zu vermitteln vermag: wenn er das »in allen Dingen« schlafende »Lied« seinerseits nachahmt. Unsere Hinweise zum Rhythmus der Lockung sollten ein erster Fingerzeig auf diese nachahmende Musikalität sein.[3] Sie sind jedoch ergänzungsbedürftig durch genauere Auskünfte über den melodischen Charakter des Gedichts. Denn erst Rhythmus und Melodie erschließen die Musik des lyrischen Gebildes insgesamt. Daher sei versucht, die *Wünschelrute*-Poetik Eichendorffs am Beispiel der *Lokkung* sinnfällig vor Augen zu führen, pardon: zu Gehör zu bringen.

Zwei Strophen zu je acht Verszeilen; die ersten beiden Zeilen bilden jeweils einen (grammatikalischen) Satz; der folgende Satz schlägt einen Bogen über sechs Zeilen hinweg, vielmehr: strömt über sie hinweg, getragen von Zeilensprüngen in Strophe eins, befördert durch die Konjunktionen »wenn« bzw. »und« in Strophe zwei. Den strö-

3 Mit der Musikalität des Reims befaßt sich besonders August Langen, S. 66 f.

menden Rhythmus stützen melodische Elemente. In Strophe eins fließen die ersten beiden Zeilen nicht nur durchs Enjambement ineinander: Ihr Ende und ihr Anfang – »rauschen/Draußen« (V. 1/2) – verschwistern sich durch die Assonanz, reimen beinahe miteinander, ähnlich wie in Strophe zwei die Assonanz von »Bäume träumend« (V. 13) fast zum Binnenreim wird. Überhaupt sind die Reime melodisches Element par excellence. »Des Reimes Spiel« nennt Schiller im *Prolog* zum *Wallenstein* in einem Atemzug mit »Tanz« und »Gesang« als Vorrecht der »Muse«. Eichendorffs Gedicht betört durch Kreuzreime, die – dem Thema entsprechend – mittels Echos einander locken. Das auffälligste und entfernteste Echo bindet Strophe eins und zwei durch einen Umkehrreim aneinander: Erst »rauschen« die Bäume und verführen zum »Lauschen« (V. 1/3), dann »lauschen« sie selber dem »Rauschen« in der Nacht (V. 13–15). Als wollten auch die einsilbigen Reimpaare sich erweitern und ausdehnen, rufen sie ihrerseits Assonanzen herbei. So entstehen dreisilbige Echos wie: »Mondenschein« / »hohen Stein« (V. 6 und 8), »stille Rund'« / »in den Grund« (V. 2 und 4), um nur diese Beispiele anzuführen: des Widerhalls ist kein Ende.

Man sieht, vielmehr hört: das melodische Gewebe erhält durch Reime und Assonanzen, vokalische Echos und Reprisen wahrhaft lockende Wirkung – wenn Locken sich als Wiederholung, Verdoppelung, Vervielfachung melodischer Sequenzen auf engem Raum äußert und dergestalt zur Verführung wird. Magische Musik im Zeichen des Eros ist das Formgesetz dieser Poesie.

Ihr Schlüsselwort lautet: »rauschen«, Eichendorffs Lieblingswort. Sein Zauberwort zugleich: im ›poetischen‹ Rauschen hebt die Welt zu singen an. Ursprünglich die Akustik des strömenden Wassers bezeichnend, breitet es sich auch auf andere Naturphänomene aus – namentlich den Wald und die Nacht – und ergreift gar die zwischen reiner Natur und menschlichem Sein angesiedelten Zwitterwesen: Nixen, Najaden, Sirenen[4]. Rauschend rücken sie den Menschen der Natur, die Natur dem Menschen nahe. Was sie rauschen, ist weder Sprache noch Musik, vielmehr ein magisches Geheimnis, das die Poesie zur Sprache bringen und durch sprachliche Nachahmung zur Musik sublimieren möchte. So transzendiert sie die uns geläufige Sprache, ohne je in reine Musik übergehen zu können. Das »Rauschen« der Poesie, das zwischen den beiden Polen die schwebende Mitte hält, bezeugt Eichendorffs untrüglichen historischen Takt für die Möglichkeiten und Grenzen ästhetischer Sprache. Sie kann die magische Lockung des Eros hörbar machen, indem sie Sprachgebrauch und Sprachgefälle des Alltags überwindet. Mit Alltagssprache – und das heißt Konversations-, Berufs- und Fachsprache – verknüpfen wir unvermeidlich Bedeutungen, mit Bedeutungen unvermeidlich Begriffe: an Begriffen aber, am unterscheidenden, zergliedernden, rationalen Denken bricht sich die Magie, die in der Musik fortleben möchte – denn was in dieser Musik an ›Bedeutung‹ widertönt, drängt nicht an die Schwelle des Begriffs, sondern unterspielt oder überspielt sie. Im »Rauschen« der Natur (und der Sirenen) sind die Worte und mit ihnen die begrifflich fixierbaren Bedeutungen aufgelöst – und doch nicht zur reinen Musik geworden. Zusammengesetzt aus unbestimmten Klängen und Schwingungen, bleibt das »Rauschen« der Natur eine vorbegriffliche und vormusikalische Sprache. Seine Unbestimmtheit übersetzt das lyrische Ich in *bestimmte* Klänge und Rhythmen sprachlichen Wesens: es ahmt die Unaussprechlichkeit des Rauschens in einer Sprachmusik nach, welche die Magie der Natur am Leben erhält – und gleichzeitig ihr Geheimnis deutet. Nie (oder nur ausnahmsweise) ist sich das lyrische Ich dieser Deutung sicher: Vor jegliche Naturgewissheit setzt Eichendorff

4 Vgl. zu diesen Wesen im Werk Eichendorffs die Ausführungen bei Alexander von Bormann (*Natura loquitus*, S. 175 ff.).

den scheuen Vorbehalt des ›Als ob‹, seinen eigentümlichen Konjunktiv, der ihn von der selbstgewisseren Frühromantik so unverkennbar unterscheidet. Indem sein lyrisches Ich jedoch – unter diesem Vorbehalt – das rauschende Geheimnis deutet, bringt es seine ureigenen Wünsche, Gedanken und Nöte zu Gehör.

Nichts könnte dies eindringlicher dartun als der leitmotivische Umkehr-Reim »rauschen/lauschen«. In Strophe eins rauscht die Natur, in Strophe zwei lauscht sie ihrem eigenen Rauschen, während das Ich erst diesem Rauschen (der Bäume und Nixen) lauscht, ehe es darin seine eigenen Lieder vernimmt. Ein zaubrisches Verwirrspiel. Subjekt und Objekt, Hören und zu Gehör bringen, Stille und Lautfolgen, Geben und Empfangen, Tätigkeit und Hingabe durchdringen einander bis zur Vertauschbarkeit; die gemeinhin getrennten Dinge lauschen einander rauschend oder rauschen im Lauschen ineinander: der Kunsthimmel der unio mystica. Was immer den Dingen an hergebrachten Bedeutungen anhaftet, verliert sich in der Magie ihres Klangkörpers. Und es verliert sich darin auch der abgenutzte Zitatcharakter der Naturphänomene. Was haben Bäume, Bäche, Wälder und Nixen nicht schon alles durchmachen müssen im lyrischen Gedicht! Als Versatzstücke und vielsagende Leerformeln sind sie in der Romantik alt und grau geworden. Im melodisch-rhythmischen Kraftfeld Eichendorffs befreien sie sich aus ihrer Erstarrung und erhalten die Aura des Geheimnisses zurück.

So löst Eichendorffs Lockung die sprachmusikalische Utopie ein, die sein eingangs zitierter Vierzeiler programmatisch formuliert: das »Zauberwort« zu treffen, damit das in den Dingen schlummernde »Lied« erwache und die Welt zu »singen« anhebe. Vermöge der Sprache wird die Musik entbunden, nicht umgekehrt; aber die Sprache muß Zauber besitzen, damit der Bann, der auf den Dingen liegt, sich löse und ihr verborgenes Wesen – ihr Lied – erklingen kann.

Dieses Lied erklingt jedoch aus der Tiefe des Flußes, aus einer, wie man hinzufügen darf, abgründigen Tiefe. Wir kehren damit zum Gehalt des Rauschens zurück. Seine Ambivalenz ist noch nicht hinreichend charakterisiert; sie wird auch vom lyrischen Sprecher keineswegs expressis verbis ausgesprochen, ist aber im Rauschen der Nixen bei Eichendorff stets angelegt. Sein Gedicht *Hörst du nicht die Quellen gehen* enthüllt wie *Lockung* einen »mondbeglänzenden Grund« mythischer Weiblichkeit, der als ein Ab-Grund kenntlich wird: »Junge Glieder blühend sprossen, / Weiße Arme, roter Mund, / Und die Nachtigallen schlagen, / Und rings hebt es an zu klagen, / Ach, vor Liebe todeswund, / Von versunknen schönen Tagen – / Komm, o komm zum stillen Grund!« (G 97) Eros wandelt sich zur Todeslust. Im Zuge seiner Naturvermählung neigt der lyrische Sprecher zur Selbstpreisgabe. Diese Neigung durchzieht Gedichte wie *Frau Venus*, wo die »alten Wünsche« im Frühling mit überwältigender Macht wiederkehren und dem Ich seinen Untergang suggestiv nahelegen (G 68), und sie erwacht unversehens in *Der verirrte Jäger*. In *Jagdlied* (2.) versinnlicht die räumliche Vertikale, analog zu *Lockung* und *Nachtzauber*, den Sturz in die lockende Tiefe des eigenen Innern, »Thalwärts von den stillen Höhen«: »Wild und Jäger todestrunken / In die grüne Nacht versunken – / O du schöne Jägerlust!« (SW 1/3,280) Der zur Ich-Gefährdung neigende Eros macht die »Lieder« aus der »alten, schönen Zeit« zu »irren Liedern«: eines der bewegendsten Paradoxa in der Dichtung Eichendorffs. Die »irren Lieder« besitzen eine Verführungskraft, die den Verlust der Orientierung und Selbstbehauptung heraufführen könnte. So liegt in der »alten, schönen Zeit« ein Stachel verborgen, der sie vor jeder Idyllisierung und Harmonisierung schützt.

Keineswegs ist die Verschränkung von Wollust und Todeslust, Eros und Thanatos nur eine private Eingebung Eichendorffs. Ihr überindividueller Charakter wird an einer

Tradition erkennbar, die ins siebte Jahrhundert vor unserer Zeitrechnung zurückreicht. Eichendorffs »irre Lieder« und seine verführerisch singenden Nixen hatten Premiere schon in Homers *Odyssee.* Die im altgriechischen Epos auf einem Meeresfelsen lagernden Sirenen ließen ihren betörenden Gesang inmitten bleichender menschlicher Gebeine ertönen. Wer der Verführungskraft ihrer Lieder erlag, folgte zwar einem Bedürfnis seines natürlichen Eros, mußte dafür jedoch mit dem Tod bezahlen. Diese folgenschwere Dialektik hat symbolische Verweiskraft für den Prozeß der Zivilisation. Sie besagt, daß dieser Prozeß stillsteht, sobald die Menschen den Bedürfnissen ihrer Natur unbesehen nachgeben und so ihre eigene Selbstauflösung betreiben. Je energischer der Zivilisationsprozeß ihnen die Disziplinierung ihrer Natur abverlangt, desto anarchischer pocht diese auf ihr Recht, sei es auch um den Preis des Ich-Zerfalls. Die Beherrschung der äußeren Natur durch Technik, Wirtschaft und Industrie erfordert die der inneren (Trieb-)Natur; letztere aber neigt dazu, gegen diesen (Selbst-)Zwang aufzubegehren und im Ich die Lust am Vergessen, an Selbstzerstörung und Tod zu entzügeln. Dies ist – cum grano salis – die von Theodor W. Adorno und Max Horkheimer in der *Dialektik der Aufklärung* fundierte Einsicht[5]. Nicht anders kann Odysseus dem Gesang der Sirenen widerstehen als dadurch, daß er sich für die Vorbeifahrt an ihrem Felsen in Fesseln schlagen läßt, während die das Schiff rudernden Gefährten die Ohren sich mit Wachs verstopft halten: sonst würden der Held und seine Ruderer dem zauberischen Gesang sich hingeben und am Felsen zerschellen. »Lockung« ist der Begriff, den Adorno/Horkheimer zur Deutung dieses Vorgangs leitmotivisch verwenden[6], wodurch sie an Eichendorffs

5 Das mit dem Untertitel *Philosophische Fragmente* versehene Buch wurde, wie Adorno/Horkheimer im Vorwort aus dem Jahre 1947 vermerken, »noch während des Krieges abgeschlossen«.

6 Vgl. den Exkurs I: *Mythos oder Aufklärung und Moral.*

Poesie unwillkürlich erinnern. Der am Mastbaum gefesselte und während der Vorbeifahrt gegen die Fesselung aufbegehrende, vom Sirenengesang bezauberte Odysseus entwirklicht zum Lied, was ihm zur leiblichen Hingabe und Selbstpreisgabe bestimmt war. Sein Triebbedürfnis stillt er nurmehr durch den Gehörsinn; die Forderung seiner Natur nach (Todes-) Lust erfüllt er sich lediglich in sublimierter Form, durch die Einverseelung des Lieds: eine symbolische Kompensation für all das, was er dem Leib und seinem Lustverlangen schuldig bleibt.

Mit seinem Gedicht gemahnt Eichendorff an diesen Vorgang, gemahnt daran durch die »Lieder« der Nacht und das »Rauschen« der Nixen. Während jedoch Odysseus dem naturwüchsigen Zauber der mythischen Wasserwesen widersteht und somit den naturverdrängenden ›Fortschritt‹ der Zivilisation sichert, remythisiert Eichendorffs lyrischer Sprecher die lockende Kraft dieser Wesen. Er vertieft diese Remythisierung, indem er der Natur menschliche Züge verleiht und gleichzeitig ihre Inbesitznahme durch Technik und Kultur ausblendet. Nur an die schöne Bebauung der Natur erinnert Eichendorff, wenn er den »Söller« eines Hauses und »stille Schlösser« ins poetische Spiel bringt, aber so, daß beides sich zwanglos versöhnt mit der Mondscheinnacht, also naturwüchsigen Anschein gewinnt. Natur und Landschaft werden zu Mithörern und Mitsängern menschlicher Wünsche und erotischen Verlangens wie in zivilisatorischer Vorzeit. Was der Prozeß der Zivilisation den Individuen und ihrem Eros versagt hat, erhält im ›mythischen‹ Wirken der Landschaft Gewicht und optisch-akustische Form. Aber im Unterschied zu Odysseus, der die Gewalt der sirenischen Musik leibhaftig über sich ergehen lassen mußte, ja, zu ihrem Resonanzboden wurde, sublimiert der lyrische Sprecher Eichendorffs das Gehörte zur Kammermusik. Er übersetzt die »irren Lieder« und das Rauschen der Wasserwesen in eine kunstbewußte Komposition, die artistisch mit poetischen Rhythmen und Melodien spielt. Das verweist auf die Reife einer kulturellen Spätstufe der Zivilisation. Freilich korrespondiert dem eine gesteigerte Entwirklichung der Gewalt des Eros. Der Lockung der Nixen lauscht der lyrische Sprecher an einem relativ sicheren Ort. Er vernimmt am Söller des Hauses das Rauschen der Bäume, das er nach und nach zu einem Lockruf aus der Tiefe steigert. So betreibt er seine eigene Selbstverzauberung, kunstbewußt, aber doch ohne die Gefahr eines realen Falls in die Tiefe, während noch Odysseus den Fängen der Sirenen realiter ausgesetzt war. Die Sirenen Eichendorffs dagegen sind, aller Remythisierungen zum Trotz, vom gefahrvollen Draußen ins phantasiebegabte Subjekt eingekehrt. Sie sind Sinnbilder des geheimen Innenlebens des lyrischen Sprechers, nicht etwa empirische Wesen. Inmitten aller Ekstase bleibt dieser für sich. Die »irren Lieder« locken ihn nicht etwa in den ›Irrsinn‹, sie verleihen der »alten schönen Zeit« ihren eigentümlichen Reiz: ihren faszinierenden Doppelsinn. Hingerissen von der Erinnerung an sie musiziert er sich seinen Wunsch nach einer unio mystica[7] mit der Natur vor: einer tödlichen Liebeseinheit mit ihr im fiktiven Binnenraum der Kunst.[8]

7 August Langen, der von einem religiösen Gesichtspunkt sich leiten läßt, mystifiziert die unio mystica hier zur »religiösen Polarität von Gott und Menschenseele«, S. 61.

8 Anders deutet Konrad Ehlich den Schluß aus einer »linguistischen Perspektive«. Er möchte hier eine »Handlungsqualität« ausmachen und erklärt, daß der im Gedicht und vom Gedicht »Angesprochene« »in Handlungen« hineingezogen werde, »denen er wenig entgegenzusetzen hat« (S. 191). – »Linguistische Perspektiven« (S. 165) sind zweifellos interessant, doch haben sie den »merkwürdigen Effekt, daß der Text erheblich verfremdet wird«, wie der Autor feststellt (S. 169).

An Luise

In Opposition zum archaischen, heidnischen Eros hat Eichendorff lyrische Bilder der Gattenliebe und der christlichen Liebe entworfen. Gelegentlich haften noch an der Opposition die Spuren seines ungebärdigen, zur Todeslust neigenden Eros. Nur eine Spur dieser Spuren, eine Andeutung bloß, enthält das Widmungsgedicht *An Luise*, das mit der Jahreszahl 1816 versehen ist. Eichendorff formt die für seine Gattin bestimmten Strophen zu einem Preislied, das überindividuelle Züge, ja epochenübergreifenden Charakter hat. Dem Nahblick des Lesers gibt es sich als ein repräsentatives Geschlechterrollenbild zu erkennen. Wenn Eichendorff hier der Frau das Hegen und Heilen des »halbverwilderten Gemütes« (V. 3) ihres Gatten zuerkennt, wenn er ihr »Des Mannes Unruh und verworrnes Leben« (V. 5) anvertraut: so erinnert er deutlich genug an Rollenzuschreibungen, die uns aus den Schriften der Klassiker geläufig sind. »Tropftest Mäßigung dem heißen Blute, / Richtetest den wilden irren Lauf, / Und in deinen Engelsarmen ruhte / Die zerstörte Brust sich wieder auf«: so rühmte Goethe die Rolle der Frau von Stein in seinem bewegten, von hundert Ansprüchen und Aufgaben durchkreuzten Weimarer Jahrzehnt zwischen 1776 und 1786 (*An Charlotte von Stein*). Die Eichendorff'schen Anklänge an solche Verszeilen sind unüberhörbar. Auch an entsprechende lyrische Zeugnisse Schillers ist zu erinnern. In *Würde der Frauen* finden sie sich zuhauf: »Ewig aus der Wahrheit Schranken / Schweift des Mannes wilde Kraft, / Unstet treiben die Gedanken / Auf dem Meer der Leidenschaft. / Gierig greift er in die Ferne, / Nimmer wird sein Herz gestillt, / Rastlos durch entlegne Sterne / Jagt er seines Traumes Bild.«

Wie eine Quintessenz aus solchen und anderen Herrenbildern Schillers muten Eichendorffs »halbverwildertes Gemüte«, »des Mannes Unruh und verworrnes Leben« an.

Im Jahre 1816 hatte Eichendorff Grund genug, derartige selbstkritische Wortprägungen zu verfassen, war er doch kurz vorher vom letzten Akt der Befreiungskriege heimgekehrt, die 1815 mit Napoleons Flucht aus Elba wiederaufgeflammt waren und Eichendorff in die preußische Armee zurückgeführt hatten; mit ihr hatte er die bei Waterloo vernichtend geschlagene französische Armee bis nach Paris verfolgt. Vor diesem kriegerischen Hintergrund kann man sich mühelos ein »halbverwildertes Gemüt« vorstellen.

Die ›Verwilderung‹ des Gemüts kann auch dem heidnischen Eros entspringen, wie zahlreiche Gedichte Eichendorffs zeigen. In *Götterdämmerung II* assoziiert Eichendorff das »Verwildern« mit der »alten Zaubermacht« der »Frau Venus« (G 66); in *Das Gebet* verschränkt er Frauenliebe mit einer Natur, die »mit wilder Lust« den Menschen »lockt« und zum »Abgrund süß die sel'ge Brust« zieht (SW 1/1,223); in *Abend* »rauscht eine Wildnis im Grund«, »uraltes Verlangen«, »Zorn und Wehe und Lust« erfüllen die »wilde Brust« (G 60); in *Kirchenlied* »wütet« die »frevelhafte Lust« »wildverkehrter Sünder« (G 72). So siedelt Eichendorff den unbotmäßigen heidnischen Eros mit Vorliebe im Wortfeld der Wildnis und der Verwilderung an; »verworrnes Leben« (V. 5) entstammt demselben Feld.

Die Wildnis der männlichen Seele, sei sie kriegerischer oder erotischer Natur, vertraute bereits Schiller – ähnlich wie Goethe – »der Grazie«, der »heiligen Hand«, der »frommen Natur«, der »Sitte« und »lieblichen Form« der Frau an. Insofern ist Eichendorffs Lob der »tausend süßen Weisen« (V. 4) weiblicher Therapie nur ein Widerklang überlieferter Rollenbilder. Jedoch ist dieses Lob eigentümlich verknüpft mit einem beunruhigenden Vers: Dem chaotischen Leben und Treiben ihres Gatten sei die Frau »Durch Tränen lächelnd bis zum Tod ergeben« (V. 6). Mag die lächelnde Selbstbezwingung des Leidens noch dem überlieferten Frauenbild korrespondieren, die Wortfügung

»bis zum Tod ergeben« sticht davon disharmonisch ab. Sie enthält den Doppelsinn einer Gebundenheit, die bis zum Tode währt, also temporär gemeint ist, aber auch bis zu todesbereiter Ergebenheit reichen kann, also einen extremen Intensitätsgrad bezeichnet: Selbstpreisgabe bis zum Tod. Unversehens erhält hier die fraglose Treue der Frau einen Akzent der Schwermut. Ihre »wunderstille Güte« (V. 2) kann nicht vergessen machen, daß ihr eigenes Leben von dem des Mannes gleichsam aufgezehrt wird. Daran gemahnt auch die Wendung »in stillem Harme« (V. 8). Trotz der Stille und der Schönheit der Frau spricht ihr »Harm« beredt genug zum Betrachter. Denn diese weibliche Stille meint das Verschweigen ihres Leidens: meint jene Klaglosigkeit, die in der klassisch-romantischen und Biedermeierzeit zur Frauen-Tugend der Selbstbeherrschung und Dezenz zählt, aber Selbstvergessenheit und Selbstverzicht bedeuten kann.

Eichendorff mildert diesen negativen Beiklang durch eine szenische Gruppierung von feinem Profil. »Das Kindlein auf dem Arme« (V. 9), »Im blauen Auge Treu und Frieden ohne Ende« (V. 10): so »sitzt« das Frauenleid vor dem lyrischen Ich. Ein schönes Bild, fast wie gemalt, so möchte man hinzufügen. Und gemalt (bzw. gezeichnet) wurde es ja auch zu Eichendorffs Lebzeiten wieder und wieder. Wer hat in seinem Bildergedächtnis nicht das eine oder andere Familienporträt aus der Hand von Philipp Otto Runge oder Ferdinand Georg Waldmüller, von Peter Fendi oder Moritz von Schwind und Ludwig Richter aufbewahrt – diese respektable und rührende Reihe epochentypischer Momentaufnahmen, die einen unverkennbar bürgerlichen Geist atmen, insbesondere jene an ein Stilleben gemahnenden Szenen, die da betitelt sind *Frau und Söhnchen des Künstlers* (Runge) oder *Mutter und Kind* bzw. *Sitzende Frau mit Kind* (Waldmüller) oder *Die arme Offizierswitwe* (Fendi) und *Frau mit einem Kind auf den Knien* (Richter). Diese genrebildlichen Ausschnitte aus dem bürgerlichen Familienleben atmen nicht allein die Intimität einer Mutter-Kind-Beziehung, die im 18. Jahrhundert nur vereinzelt zur Darstellung gelangt war; sie erinnern unwillkürlich auch an die religiöse Tradition der Maria-Jesus-Bilder, denen sie die Idealität der Muttergestalt und die sanftmütige Harmonie des Mutter-Kind-Verhältnisses entliehen haben. Vielleicht eines der wirkungsvollsten Beispiele für dieses Ineinanderspiel der heiligen und bürgerlichen Familie stellt Philipp Otto Runges *Die Ruhe auf der Flucht* von 1805/06 dar, ein subtil nuanciertes Gemälde, das Maria und den Jesusknaben im Morgenlicht zu inniger Nähe vereint, Joseph hingegen in leichter Entfernung dazu im Schatten darstellt. Das Bild mutet wie ein malerisches Vorspiel zur Dreiergruppe im Gedicht Eichendorffs an, wo die intime Mutter-Kind-Gemeinschaft sich vom Dritten im Bunde, dem Vater, abhebt, der »dichtend« seinen »Blick« zur Intimgemeinschaft der beiden anderen »wendet«. Mit dem Verweis auf Gott am Ende des Gedichts öffnet Eichendorff bewußt seine Familienszene zum religiösen Horizont hin. Die unabweisbaren Reminiszenzen an religiöse und weltliche Familiengebilde, die er durch seine Gruppierung erweckt, lassen diese wie gestellt erscheinen; sie hat den Charakter einer Pose, die biedermeierlichen Geist vorwegnimmt. Der magische Fluß seiner Natur- und Eros-Lyrik, den wir beispielhaft in *Lockung* als eine unaufhaltsame rhythmische Abwärtsbewegung wahrnahmen, wird gleichsam stillgestellt. Die in der Landschaft waltende »rauschende« Dynamik, die so anonym bleibt wie die lockenden Wasserwesen am Ende, ist zur Statik einer personengebundenen Bildergruppe beruhigt. Während in *Lockung* das Ich sich dem Natur-Eros hingibt und sich an ihn entäußern möchte bis zur Selbstpreisgabe, zügelt es ihn im Widmungsgedicht *An Luise* zu bürgerlicher Gatten- und Vaterliebe. Zwischen den extremen Polen einer zauberischen Verflüssigung und Entgrenzung und ihrer statuarischen Verfestigung und Eingrenzung wandert die Eichendorff'sche Liebeskraft unbefriedet hin und her[9]. Dient der eine Pol der dynamischen Selbstbewegung eines Eros, der nicht eine bestimmte Person, sondern fasziniert sich selber liebt: »rastlos durch entlegene Sterne / Jagt er seines Traumes Bild«, wie Schiller es prägnant formuliert – so wird am anderen Pol der Eros auf eine bestimmte Person festgelegt und dadurch gezähmt.

Eichendorff hat diese Festlegung zuweilen idealisiert und ihr Himmelskraft und -glanz verliehen. Er kennt freilich auch die trockene Kehrseite solcher Idealisierung, kennt die Verengung des Himmels ins Hausbackene und die Verhäuslichung des Glücks: »›Auch dein Lenz, froher Sänger, ist vergangen, / An Weib und Kind ist nun der Sinn gebunden!‹« (*Sommerschwüle*, 2; SW 1/1,108). Das Widmungsgedicht *An Luise* deutet diese Gebundenheit an einer Stelle unfreiwillig als übertriebene Zähmung: »Die wunderstille Güte« (V. 2) der Gattin besänftigt das »halbverwilderte Gemüte« (V. 3) des Mannes. Die weibliche Qualität der »Güte« erzwingt um des Reimes willen die Dehnung und Erweichung des Gemüts zum altmodischen »Gemüte«; so geht die männliche Verwilderung in eine sanfte, fast sentimentale Verhäuslichung über. Doch wiegt das den »stillen Harm[e]« (V. 8) und die bedingungslose Ergebenheit der Frau in das männliche Schicksal nicht auf – wie ein schmerzlicher Stachel wirkt diese Beschneidung ihrer Individualität im Preislied des Dichters fort. Mag er auch treuherzig versichern, daß die Idylle der Mutter-Kind-Beziehung ihn als Dichter überwältige und seine Schreibfeder zum Stocken bringe: was er schließlich dem Papier anvertraut, prägt dieser Idylle eine Dissonanz gegen seine Absicht auf.

9 Über die »endlose Bewegung« extremer Pole im Sinne eines unaufhebbaren »Zirkels« bei Eichendorff schreibt Grundsätzliches Peter von Matt (*Der irrende Leib*, S. 48 ff.).

Verlorene Liebe

Lieder schweigen jetzt und Klagen,
Nun will ich erst fröhlich sein,
All mein Leid will ich zerschlagen
Und Erinnern – gebt mir Wein!
Wie er mir verlockend spiegelt
Sterne und der Erde Lust,
Stillgeschäftig dann entriegelt
All die Teufel in der Brust,
Erst der Knecht und dann der Meister
Bricht er durch die Nacht herein,
Wildester der Lügengeister,
Ring mit mir, ich lache dein!
Und den Becher voll Entsetzen
Werf ich in des Stromes Grund,
Daß sich nimmer dran soll letzen
Wer noch fröhlich und gesund!

Lauten hör ich ferne klingen,
Lustge Bursche ziehn vom Schmaus,
Ständchen sie den Liebsten bringen,
Und das lockt mich mit hinaus.
Mädchen hinterm blühnden Baume
Winkt und macht das Fenster auf
Und ich steige wie im Traume
Durch das kleine Haus hinauf.
Schüttle nur die dunklen Locken
Aus dem schönen Angesicht!
Sieh, ich stehe ganz erschrocken:
Das sind ihre Augen licht,
Locken hatte sie wie deine,
Bleiche Wangen, Lippen rot –
Ach, du bist ja doch nicht meine,
Und m e i n Lieb ist lange tot!

Hättest du nur nicht gesprochen
Und so frech geblickt nach mir,
Das hat ganz den Traum zerbrochen
Und nun grauet mir vor dir.
Da nimm Geld, kauf Putz und Flimmern,
Fort und lache nicht so wild!
O ich möchte dich zertrümmern,
Schönes, lügenhaftes Bild!

Spät von dem verlornen Kinde
Kam ich durch die Nacht daher,
Fahnen drehten sich im Winde,
Alle Gassen waren leer.
Oben lag noch meine Laute
Und mein Fenster stand noch auf,
Aus dem stillen Grunde graute
Wunderbar die Stadt herauf.
Draußen aber blitzt's von weiten,
Alter Zeiten ich gedacht',
Schaudernd reiß ich in den Saiten
Und ich sing die halbe Nacht.
Die verschlafnen Nachbarn sprechen,
Daß ich nächtlich trunken sei –
O du mein Gott! und mir brechen
Herz und Saitenspiel entzwei! –

(G78f.)

Kirchenlied

O Maria, meine Liebe!
Denk ich recht im Herzen dein:
Schwindet alles Schwer' und Trübe,
Und, wie heller Morgenschein,
Dringt's durch Lust und irdschen Schmerz
Leuchtend mir durch's ganze Herz.

Auf des ewgen Bundes Bogen,
Ernst von Glorien umblüht,
Stehst du über Land und Wogen;
Und ein himmlisch Sehnen zieht
Alles Leben himmelwärts
An das große Mutterherz.

Wo Verlaßne einsam weinen,
Sorgenvoll in stiller Nacht,
Den' vor allem läßt du scheinen
Deiner Liebe milde Pracht,
Daß ein tröstend Himmelslicht
In die dunklen Herzen bricht.

Aber wütet wildverkehrter
Sünder frevelhafte Lust:
Da durchschneiden neue Schwerter
Dir die treue Mutterbrust;
Und voll Schmerzen flehst Du doch:
Herr! Vergib, o schone noch!

Deinen Jesus in den Armen,
Übern Strom der Zeit gestellt,
Als das himmlische Erbarmen
Hütest du getreu die Welt,
Daß im Sturm, der trübe weht,
Dir kein Kind verloren geht.

Wenn die Menschen mich verlassen
In der letzten stillen Stund,
Laß mich fest das Kreuz umfassen.
Aus dem dunklen Erdengrund
Leite liebreich mich hinaus,
Mutter, in des Vaters Haus!

(G72)

Von geschlechtlicher Lust zu religiöser Liebe

Im selben Jahr erschienen wie *Lockung* (1834), darf das Gedicht *Verlorene Liebe* als dessen ernüchternde Variation gelten: von der spätromantischen Darstellung des lockenden Eros wechselt Eichendorff zur frührealistischen Pointierung des handelnden Eros. Vom verführerischen Anruf der Nixen zur Begegnung mit einer Dirne. Die nur selten wahrgenommene *Verlorene Liebe* ist dank dieses unerbittlichen Schritts in das praktische Leben ein einzigartiges Gedicht.

Am Anfang steht eine leidvolle Erinnerung. Ihre drükkende Schwere bleibt zunächst unaufgehellt: ein Rätsel, das dem Akt des Lesens Spannung und Unruhe verleiht. Auffällig und ausfällig ist die Aggressivität, mit der das lyrische Ich sich zur Wehr setzt gegen die Last der Erinnerung: »All mein Leid will ich zerschlagen / Und Erinnern – gebt mir Wein!«

Der Wein, mit dem das Ich seine Erinnerung verdrängen möchte, hat ein verlockendes Doppelgesicht: im nächtlichen Getränk spiegelt sich sowohl der Sternenhimmel wie die »Lust« (V. 6) der Erde. Eine weitgespannte Polarität also, die alsbald eine ihr immanente Dämonie hervorkehrt. Die Lust wird nicht etwa durch die Sterne zu höherer Metaphysik sublimiert wie in Eichendorffs *Mondnacht*, wo die Erde unter dem Kuß des Himmels weiterzuträumen scheint und so die Sehnsucht des Ichs nach der (überirdischen) Heimat entbindet, nein, umgekehrt: der Himmelsglanz ist der betörende Schein für eine noch unbestimmte, aber als Teufelszeug apostrophierte Lust, die da hervorbricht aus den Verliesen des Innern, wie die Metapher von der ›entriegelten Brust‹ vermuten läßt. Vom freundlich dienenden Zaubertrank, der ein »fröhlich[es]« (V. 2) Vergessen verspricht, wandelt sich der Wein zum Wegbereiter der noch nicht näher bestimmten Lust. Das lyrische Ich nimmt sie mit »Entsetzen« (V. 13) wahr – und sagt dem Wein, ihrem Geburtshelfer, den Kampf an: »Wildester der Lügengeister, / Ring mit mir, ich lache dein!« (V. 11/12)

Aus literarhistorischer Ferne spielt in diese Verse die nächtliche Szene aus Goethes *Faust* herein, in welcher der verzweifelte Held den lockenden »Saft«, »Inbegriff der holden Schlummersäfte«, an seine Lippen setzt, in der Erwartung einer erlösenden Selbstvergessenheit: »Zu neuen Ufern lockt ein neuer Tag.« Stattdessen erwartet ihn ein Grauen, um das »die ganze Hölle flammt« (vgl. Verse 690 ff.). Eine zweite Goethe-Reminiszenz drängt sich unmittelbar danach auf, wenn das lyrische Ich »den Becher voll Entsetzen / [...] in des Stromes Grund« (V. 13/14) wirft wie einst der König in Thule: mit dem Unterschied, daß letzterer dies aus der unverbrüchlichen Treue zu seiner Geliebten tat, während Eichendorffs junger Mann damit eine ungestüm heraufziehende Lust ›wegwerfen‹ will, so, als könnte dieser handgreifliche Akt einen elementaren seelisch-körperlichen Vorgang aus der Welt schaffen. Eine magische Beschwörung, der etwas Primitives anhaftet – ein zweiter Verdrängungsakt nach der Verbannung der Erinnerung.

Die zweite Strophe löst die Rätsel der ersten. Sie setzt mit einem erotisch getönten Genrebild ein, das vom Rokoko bis zur Spätromantik die lyrische und epische Kulturlandschaft durchzieht: »Lauten hör ich ferne klingen, / Lustge Bursche ziehn vom Schmaus, / Ständchen sie den Liebsten bringen, / Und das lockt mich mit hinaus.« (V. 17–20) Die für das Genrebild charakteristische kleine Menschengruppe, die vertraut anmutende, stimmungsvolle Situation, die an ein *déjà vu* erinnert – hier sind sie eingefangen. Und genrebildlich wirken auch die beiden folgenden Zeilen: »Mädchen hinterm blühnden Baume / Winkt und macht das Fenster auf.« (V. 21/22) Doch dann erfolgt unvermittelt der Bruch mit dem Vertrauten. Die sonst so statische, räumlich festgelegte Personenkonstellation – am

Fenster oben die umworbene Dame, darunter vor dem Haus der musizierende Mann – verändert sich abrupt. Ohne die sonst übliche musikalische Werbung dringt der nächtliche Flaneur in die Wohnung der Unbekannten ein, als wäre er magisch von ihr angezogen: »Und ich steige wie im Traume / Durch das kleine Haus hinauf.« (V. 23/24)

In der Begegnung von Angesicht zu Angesicht ereignet sich eine weitere Überraschung. Die Schöne scheint niemand anders als die Geliebte des lyrischen Ichs zu sein: »Sieh, ich stehe ganz erschrocken: / Das sind *ihre* Augen licht, [...]« (V. 27/28). Aber kurz darauf erwacht der junge Mann aus dieser Überraschung und gibt eine neue, den Leser schockierende preis: »Ach, du bist ja doch nicht meine, / Und *mein* Lieb ist lange tot!« (V. 31/32)

Damit findet das erste Rätsel des Gedichts seine Auflösung. Die leidvolle Erinnerung, die das lyrische Ich zu Beginn der ersten Strophe verdrängen wollte – sie galt dieser toten Geliebten. Das aus der Erinnerung Verbannte kehrt plötzlich mit vermehrter Gewalt zurück – getreu der unkontrollierbaren Dynamik der Verdrängung. Das Gesicht der abwesenden, verleugneten Geliebten drängt sich in die flüchtige Wahrnehmung einer Unbekannten unversehens hinein. Und noch eine Entdeckung macht der Leser. Der junge Mann, der dem Wink der Unbekannten so bedenkenlos, ohne Federlesens, gefolgt ist, war unbewußt betört von der Erotik der genrebildlichen Situation. Kurz davor, in Strophe eins, hatte er die in seiner »Brust« (V. 8) verschlossene Lust »entriegelt« (V. 7) – und sogleich wieder verriegelt; jetzt bricht sich auch diese Verdrängung Bahn, und was sie enthüllt, ist der sexuelle Charakter dieser »Lust«. Damit löst sich auch das zweite Rätsel der ersten Strophe auf. Wie »im Traume« (V. 23) ersteigt der junge Mann die Behausung der vertrauten Unbekannten, und damit gelingt Eichendorff eine wahrhaft glückliche wegweisende Wendung. Er antizipiert im lyrischen Vorgang, was die Psychoanalyse erst ein halbes Jahrhundert später entdecken sollte: daß der Traum einer verdrängten Wahrheit zur Darstellung verhilft. Und er nimmt zugleich vorweg, was diese Wissenschaft den Traumbildern an symbolischem Tiefsinn abgewinnen wird, zum Beispiel jene steigende Bewegung treppauf, die das Ich hier vollzieht und die in der Traumdeutung als Symbol männlichen Sexualbegehrens gilt[10].

Im Rückblick von Strophe zwei aus enthüllt demnach der in Strophe eins waltende Eros ein zwieschlächtiges Antlitz. Er äußert sich, sublimiert, im leidvollen »Erinnern« der Geliebten, unsublimiert in den »Teufel[n] in der Brust« (V. 8). Vergeblich wie den sublimierten Eros der Erinnerung hat der junge Mann auch den unsublimierten Eros verdrängt: den ersten mit Hilfe des Weins, den zweiten durch das Wegwerfen des Weinbechers. Das Lautenspiel »Lustge[r] Bursche[n]« (V. 18) vor den Fenstern ihrer »Liebsten« (V. 19) hat diesen zwieschlächtigen Eros wieder wachgerufen: einerseits die unsublimierte Lust, die mit allen »Teufel[n]« (V. 8) in der Brust verbündet ist und einer winkenden Unbekannten bedenkenlos folgt, andererseits den sublimierten Eros der Erinnerung, der die Unbekannte zur abwesenden Geliebten erhöht.

Auf diese Erhöhung folgt unverzüglich eine nachhaltige Enttäuschung. Wie von einem Schock getroffen, erkennt der nächtliche Besucher: die ihm als seine Geliebte erscheinende Unbekannte ist eine Dirne. Blitzartig erwacht er aus seinem träumerischen Treppenaufstieg und der traumbefangenen Begegnung von Angesicht zu Angesicht: »Und *mein* Lieb ist lange tot!« (V. 32) Der Tod der Geliebten hat die Erinnerung an sie so beschwert, daß er ihr ausweichen, sie verdrängen wollte. Warum aber mündet die wiedererwachende Erinnerung in äußerste Aggressivität gegen die

10 Vgl. Sigmund Freud, *Die Traumdeutung*. – Zur Traumsymbolik vgl. besonders Kap. VI. »Die Traumarbeit.E.«

Unbekannte? Sie hat ihm ja nichts Böses angetan und tritt nur als die auf, die sie von berufswegen ist. Weshalb also der rabiate Zerstörungswunsch? »O ich möchte dich zertrümmern, / Schönes, lügenhaftes Bild!« (V. 39/40)

Nicht die Dirne belügt ihn, er hat vielmehr sich selbst belogen und wird von ihr Lügen gestraft. Der Schock, den er erleidet, entsteht dadurch, daß sein schönes Phantasiebild der abwesenden Geliebten ausgerechnet von einer Dirne entzaubert wird: daß er, anders ausgedrückt, die Gestalt der Geliebten in eine verachtete Prostituierte hineinprojiziert und dadurch befleckt, geschändet hat. Geschändet ist dadurch auch seine leidvolle Erinnerung als ein integraler Teil seines Selbst. So hat denn eine unerwartete Selbstdemontage stattgefunden. Unerwartet, und doch insgeheim vorbereitet. Hat er nicht kurz zuvor das Heraufziehen der sexuellen Lust – »all die Teufel in der Brust« – erlebt? Jetzt, angesichts der Lockung der Dirne, wird offenbar, daß er diese Lust vergeblich verworfen, daß sie sich hinterrücks seiner erneut bemächtigt hat. Nicht aus Versehen, nicht aufgrund einer zufälligen Ähnlichkeit zwischen Urbild (Geliebte) und Nachbild (Dirne) hat er sich vom Gesicht und vom Wink am Fenster täuschen lassen; vielmehr hat diese Ähnlichkeit die verdrängte Erinnerung freigesetzt und, im Bunde mit der unbewußt weiterwirkenden »Lust«, zur ehrenrührigen Identifikation von Geliebter und Prostituierter geführt. Der junge Mann hat sich eine Blöße gegeben, der er sich freilich nicht bewußt wird in einem selbstkritischen Sinne; im Gegenteil, er lenkt seinen Selbsthaß unverzüglich auf die schöne Unbekannte in Gestalt einer vernichtenden Aggressivität.

Was hat sich zwischen den beiden im einzelnen zugetragen? Die zweite Strophe läßt das offen. Der »freche« Blick, Sprache und Lachen der Schönen haben den ›Beruf‹ der Dame enthüllt. Ist die Offerte des getäuschten Liebhabers »Da nimm Geld, kauf Putz und Flimmern, / Fort und lache nicht so wild!« (V. 37/38) der Sold für erbrachte oder noch ungeleistete Liebesdienste? Ist die Aufforderung »Fort« ernst oder nur als momentane folgenlose Aufwallung gemeint? Der Text schweigt sich hierüber aus. Eine einzige Wortspur läßt jedoch darauf schließen, daß der Besucher verräterisch lange bei der Dirne verweilte: »Spät«, so lautet das anzügliche Zeitadverb, habe er das »verlorne Kind« (V. 41) verlassen. Was sich vor diesem »Spät« konkret ereignet hat, ist in dem weißen Zwischenraum verborgen, der die Strophen zwei und drei voneinander trennt – daß es jedoch ein katastrophisches Ereignis war, geht aus den nachfolgenden Verszeilen hervor:

Spät von dem verlornen Kinde
Kam ich durch die Nacht daher,
Fahnen drehten sich im Winde,
Alle Gassen waren leer.

(V. 41–44)

Im Bilde der vom Wind bewegten Wetterfahnen und der menschenleeren Gassen zeichnet sich der innere Zustand des Nachtschwärmers ab: seine orientierungslose Drehbewegung und seine Verlassenheit. Er ist selbst ein ›Verlorener‹. Das Lautenspiel, das er, zu Hause angekommen, anstimmt, ist in jedem Zug ein Widerruf des Ständchen-Genrebilds zu Beginn der zweiten Strophe. Dort brachten sich »lustge Bursche[n]« (V. 18) ihren lauschenden »Liebsten« zu Gehör, hier reißt ein Verzweifelter »schaudernd [...] in den Saiten« (V. 51), monologisch, ohne die Hoffnung, das Ohr der Geliebten, der Toten, zu erreichen. Offenbar gilt ihr sein Eingedenken – »Draußen aber blitzt's von weiten, / Alter Zeiten ich gedacht'« (V. 49/50) –, aber sein Schaudern deutet auf ein Grauen vor sich selber, das ihn von der vergangenen Liebe trennt, vielleicht für immer isoliert: es ist eine »Verlorene Liebe«, wie der Titel des Gedichts ankündigt. Diesem Grauen vor sich selber präludiert atmosphärisch das nächtliche Erscheinungsbild des lyrischen Schauplatzes: »Aus dem stillen Grunde graute / Wunderbar die Stadt herauf.« (V. 47/48)

Das mehrdeutige Verb »graute« spielt zwischen einem optisch wahrnehmbaren Lokalkolorit und einem darin geisternden Unheimlichen, auf das auch der »stille Grund« hindeutet. Mit diesem Unheimlichen hatte schon die Gestalt der Dirne ihren Besucher erschreckt: »Und nun grauet mir vor dir.« Unheimlich wird dieser sich am Ende selbst, wie sein Schaudern erkennen läßt. Wenn es – parallel dazu – »von weiten« (V. 49) blitzt, so ruft Eichendorff das Atmosphärische abermals als Zeugen für die innere Verfassung des lyrischen Ichs auf, sind doch in allen seinen Texten Blitz und Gewitter die metaphorischen Zeichen für eruptive Veränderungen, geschichtlicher wie persönlicher Natur. Die persönliche Veränderung, von der das Gedicht handelt, wird als Selbstverzweiflung greifbar. Sie äußert sich im Bruch der Saiten und des Herzens: »O du mein Gott! und mir brechen / Herz und Saitenspiel entzwei!« – (V. 55/56).

Beide Brüche weisen auf ihre unmittelbare Vorgeschichte zurück – auf den gebrochenen Eros des Ichs, der seine Zwieschlächtigkeit im Verlauf des Gedichts offenbarte. Er treibt sein Wesen unterhalb der Bewußtseinsschwelle des Subjekts und scheint nicht heilbar zu sein. Am Ende hat der junge Mann sowohl seine Lust – das »verlorne Kind« (V. 41) – verleumdet wie auch seine Treue und sein Eingedenken der Geliebten verraten: »Verlorene Liebe« im doppelten Sinne. Die sexuelle Untreue hinsichtlich der verstorbenen Geliebten ist zugleich eine mentale, und die Dirne war solcher Untreue nicht würdig, war nur Objekt einer fehlgeleiteten Lust. Die aus dem Schlaf gerissenen Nachbarn sind das soziale Indiz für die Selbstzerstörung, die von dem »trunknen« (V. 54) Lautenspieler Besitz ergriffen hat.

Blickt man auf *Lockung* zurück, so wird man nicht ohne Befremden das Schicksal der Lust nachvollziehen. Als eine natürliche Triebkraft enthält sie zugleich ein Ferment des Aufbegehrens gegen die Triebformierungen der Zivilisation. Letztere ist jedoch beweglich genug, der aufbegehrenden Naturkraft ein Domizil zu gewähren: im ›Haus der Freuden‹ gegen entsprechende Aufwandsentschädigung. Die Lockung der mythischen Wasserwesen, die den zivilisatorischen Fortschritt in Frage stellt, wird aufgefangen von einem Tauschgeschäft, dem Motor der Zivilisation schlechthin. Eichendorffs lyrische Sprecher demonstrieren diesen Wandel: die bedrohlich-berückende Nähe zu einem Naturwesen in *Lockung* wird in *Verlorene Liebe* durch die zivilisatorische Institution der Dirne abgelöst, welche die archaisch-unberechenbare Triebrebellion in Zahlung nimmt. Diese Ablösung ist ein Zeugnis für den literarhistorischen Einbruch des Frührealismus in die Romantik. In der Zerstörung des weiblich-romantischen Traumgebildes (»Das hat ganz den Traum zerbrochen / Und nun grauet mir vor dir«) wird dieser Einbruch beredt.

Das der Dirne zu entrichtende Geld verunreinigt die Lust; es setzt ihr, die nach Nietzsches Wort »Ewigkeit« will, eine knapp bemessene Frist und würdigt sie zum Geschäft herab. Bei Eichendorff ist es mehr noch die Untreue gegenüber der toten Geliebten, die der Lust einen fatalen Beigeschmack versetzt. Gemessen an der personalen Liebe zu der Toten gilt dem jungen Mann die lustbesetzte Begierde nach einer anonymen Dirne als ein ethischer Rückschritt. Und doch könnte er im reinen Gedenken der Geliebten, im Zustand der stillgelegten Lust und des rückwärtsgewandten Leidens, wohl kaum sein Leben hinbringen. Die Gegenwart und der natürliche Trieb pochen auf ihre Rechte – auch angesichts einer Toten. Wenn das lyrische Ich sein »Leid« zu »zerschlagen« sucht, so probt die unterdrückte ›natürliche‹ Lust den Aufstand. Da sie jedoch einer Un-Person, einer anonymen Dirne, gilt, entwertet sie sich und gerät in Nachteil gegenüber jener Liebe, die einer Person galt und stets noch gilt. So erhält das Objekt der Lust zwangsläufig einen negativen Akzent. Sirenen und Nixen waren keine Un-Personen; als natürliche Wasserwesen entsprachen sie dem Naturtrieb des Begehrenden und der Anonymität seiner Lust. Im Hinblick auf die personale Liebe des Mannes bewahrten sie die ›Unschuld‹ derer, die mit keinem menschlichen Wesen vergleichbar sind und zu keinem in Konkurrenz treten. Diese ›Unschuld‹ fehlt der Dirne. So macht sie den, der eine Person liebt, schuldig, weil er dieser die Treue bricht und sie, die Dirne, zur Un-Person herabsetzt: zum anonymen ›Objekt der Begierde‹. Eichendorff ersinnt nicht nur das eindringlichste Beispiel für das Auseinandertreten von Liebe und Triebleben, er läßt auch den Träger dieser widersprüchlichen Kräfte in einen Teufelskreis eintreten.

Von Bedeutung ist Eichendorffs Gedicht nicht allein dank seiner subtilen und zugleich radikalen Binnenperspektive, die eine zerklüftete Seelenlandschaft offenlegt. Bedeutend ist es auch aufgrund seiner Zeit- und Erinnerungsstruktur. Mit dem Versuch einer gewaltsamen Verdrängung der Erinnerungskraft setzt das Gedicht ein (erste Strophe), ehe es die traumartige Szene der Dirnenbegegnung ins Gedächtnis ruft, die so eigentümlich mit dem älteren Erinnerungsbild der toten Geliebten verschränkt ist (zweite Strophe). Die Zeitform des Präsens rückt diese Handlungssequenz so nahe, als wollte das Ich die Stufen der Erinnerung authentisch wiederherstellen. Es gerät jedoch mit der Befleckung des ehrwürdigen Geliebtenbilds in eine existentielle Krise. Das mit der dritten Strophe einsetzende Präteritum läßt ahnen, daß der Schock des Erlebten einer Distanzierung bedarf und in die Vergangenheit hinweggerückt werden will, aus der jedoch die psychische Bewegung sogleich wieder ausbricht und in die Gegenwart einbricht. In den letzten sechs Verszeilen regiert erneut das Präsens und bezeugt so die fortwirkende Gewalt des Geschehens.

Ähnlich kunstbewußt verfährt Eichendorff mit dem poetischen Material. Das zu Beginn der zweiten Strophe entworfene Genrebild des Ständchens entstammt einer Tradition, die seit der Anakreontik im Liebesgedicht präsent ist; noch im romantischen Liebeswerben hat dieses Bild den Status einer liebenswürdigen Requisite, die für eine vertraute Atmosphäre sorgt. Davon zeugt etwa das fast zeitgleich zur *Verlorenen Liebe* erschienene *Ständchen* (1833), in dem Lied und Lautenklang den Tod überdauern. In der *Verlorenen Liebe* durchbricht Eichendorff die Tradition. Das populäre Lautenspiel setzt den zwiespältigen Eros des Ichs frei und bildet den Auftakt zu seiner Selbstverstörung. Das Genrebild gerät in den Bannkreis eines katastrophischen Ereignisses.

Die Zwiespältigkeit des Eros und die Umformung des Genrebildes – sie sind zwei auffallende Beispiele für Eichendorffs polare Gestaltung des ganzen Gedichts. Ihr verdankt es seine Spannungsvielfalt. Da ist zunächst (V. 6) die Polarität von Höhe und Tiefe: in »Sterne und der Erde Lust«. Dieser polaren Doppellust opponiert sogleich das Gegenbild: »All die Teufel in der Brust«. (V. 8) Derlei Gegenbilder, die dem Gedichtverlauf Dynamik verleihen, erprobt Eichendorf mehrmals, etwa wenn sein ›Held‹ von der Polarität des Weins redet (»Erst der Knecht und dann der Meister«, V. 9) oder wenn er von der Ferne in die intimste Nähe überwechselt: vom weitab erklingenden Lautenspiel zum Besuch der lockenden Schein-Geliebten. Der »Traum«, den diese in ihm erweckt hat, kontrastiert bald mit der kruden Realität ihres einschlägigen Berufs, ähnlich wie seine anfängliche Bezauberung durch sie grell von der prompten Aggressivität gegen sie absticht. Solche psychischen Polaritäten ergänzt Eichendorff durch räumliche Gegensätze. Dem lockenden Wink des Mädchens aus der Höhe des Fensters in die Tiefe korrespondiert die Ge-

genbewegung des treppaufsteigenden Liebhabers. Diese räumliche Polarität greift die dritte Strophe wieder auf, wenn der am Fenster Musizierende in den »stillen Grund« der Stadt hinunter schaut, und wenn dieser Nahblick mit dem Fernblick auf die Blitze »von weiten« (V. 49) wechselt. Eichendorffs polare Perspektivwechsel verleihen der äußeren wie der inneren Topographie des Gedichts, seinem Schauplatz wie seiner Seelenlandschaft, eine federnde Unruhe und eine faszinierende Spannweite.

Zerklüftete Seelenlandschaft, gewaltsam verdrängte und gewaltsam hervordrängende Erinnerung, Durchbrechung der linearen Zeitform und des Genrebildes, durch Polaritäten erzeugte Unruhe – all dies findet eine Entsprechung im raschen Wechsel konträrer Darstellungsformen. Ist für das romantische Gedicht die Entfaltung eines Stimmungs- und Naturbildes, *einer* Seelenlage, *einer* menschlichen Begegnung charakteristisch, eingebettet in eine kontinuierliche Darstellungsform bzw. erzählt aus einer bestimmten Perspektive, so bricht *Verlorene Liebe* mit dieser Tradition. Drei disharmonische Momentaufnahmen drängt die erste Strophe zusammen: den Entschluß zu fröhlicher Munterkeit, den Weingenuß, das Wegschleudern des Weinbechers. Drei Darstellungsformen sorgen für die rasch wechselnde Bewegung der zweiten Strophe: die Kurzerzählung von »lustge[n] Bursche[n]« (V. 18), dann – Perspektivwechsel – die Szene mit dem Mädchen am Fenster, dann – Wechsel der Erzählweise – die unvermittelte Anrede des lyrischen Ichs. Die zweite Hälfte dieser Strophe führt – ebenfalls im unruhigen Wechsel dreier Blickrichtungen – von der Erinnerung an die tote Geliebte zur Entdeckung der Dirne und zur aggressiven Aufwallung gegen sie. Die dritte Strophe springt von der Du-Anrede zur monologischen Selbstdarstellung zurück, entwirft in Kürze Bilder des einsamen Stadtwanderers und schaudernden Lautenspielers, blendet die Nachbarn ein und mündet in die Kundgabe der absoluten Verzweiflung. Disharmonie der Momentaufnahmen, Perspektivwechsel, Wechsel der Darstellungsformen, Aufsprengung des Geschehens in eine rasche Folge von Bildern – Eichendorff erprobt ein lyrisches Erzählen von erstaunlicher Vielfalt und unruhigem Tempo; eine modern anmutende Montage polarer Blickrichtungen, wechselnder Rede- und Zeitformen prägt seine *Verlorene Liebe.*

Über die Romantik weist auch der Schauplatz des Gedichtes hinaus. In der Geschichte der deutschen Lyrik bis Eichendorff sind städtische Handlungsorte selten genug, und wenn sie ausnahmsweise den Rahmen des Geschehens bilden, dann in hochgradiger Abstraktion oder in mondscheinhafter Unwirklichkeit. Davon hat Eichendorff selbst eine Probe gegeben: *Nachts in Danzig.* Die vitale Kaufmanns- und Handelsstadt erscheint in diesem Nachtgedicht »verzaubert« zur »Märchenwelt«, in die kein städtischer Ton dringt, dafür aber »hört man's Meer herüberrauschen« (SW 1/3,231). So romantisch konnte Eichendorff noch 1842 Häuserzeilen und Straßenpflaster in Szene setzen. Anders verfährt er in *Verlorene Liebe.* Der Gang »durch das kleine Haus hinauf« (V. 24) in eine Dirnenwohnung, die Rede von Geld, Putz und Flimmer, der Heimweg durch die leeren Gassen, die zum Fenster heraufgrauende Stadt, die im Schlaf gestörten Nachbarn – all das sind mit dem Filigranstift eingetragene Notate, die den lokalen Charakter des Städtischen immerhin andeuten. Aus der Einsamkeit der poetisch stilisierten Natur, wo Najaden und Nixen ihren Sirenengesang ertönen lassen, wechselt Eichendorff in zivilisatorische Bezirke, wo Dirnen ihren Wohnsitz aufschlagen und ruhegestörte Hausbewohner ihre Beschwerden vorbringen. Zur Realistik des inneren Vorgangs, in dem eine trauernde Liebe unversehens von sexueller Lust ereilt wird, gesellt sich die Realitätsnähe städtischer Signale – eine skizzenhafte, fragmentarische Realitätsnähe, gewiß, aber erwähnenswert ob ihrer Seltenheit in der deutschen Lyrik bis 1880.

Kirchenlied

Der gespaltene Eros in Eichendorffs *Verlorene Liebe* bekundete sich in der dissonanten Verschränkung einer trauernden Liebe und einer plötzlich hervorbrechenden sexuellen Lust: vor die begehrte Gestalt der Dirne hatte sich unversehens das Bild der toten Geliebten geschoben. Das unschlichtbare Ineinanderspiel der Toten und der Lebenden schloß den Verrat an der sublimen rückwärtsgewandten Liebe und das Leiden an der ›natürlichen Lust‹ gleicherweise ein. Dem lyrischen Ich erwuchs daraus eine tiefreichende Verzweiflung, die offenbar einer Erlösung bedarf. Ihr Name: religiöse Liebe. Eichendorffs *Kirchenlied* zelebriert sie. Das familiale Mutterbild aus dem Widmungsgedicht *An Luise* ist hier zur umfassenden, weltumspannenden Mutterimago erweitert. Gemeinsam mit der Gottesmutter überwacht der Jesusknabe die Zeitläufte; beide bieten den irrenden Menschen Schutz und Zuflucht. Die Rede vom »Kind« in der dritten Strophe meint die Gotteskindschaft aller Menschen. Auch sie wird von Eichendorff folgerichtig entfaltet. Wie das Kind im Familienbund den Vater braucht, so das Kind im Menschen den himmlischen Vater. Und getreu dem Modell der bürgerlichen Familie, wo die Mutter sich als Fürsprecherin des Kinds beim väterlichen Oberhaupt verwendet, handelt in der religiösen Vorstellungskraft Maria als Anwältin der fehlgeleiteten Menschenkinder bei Gott: »Aus dem dunklen Erdengrund / Leite liebreich mich hinaus, / Mutter, in des Vaters Haus!« (V. 34–36)

Unschwer läßt sich am *Kirchenlied* erkennen, wie »das große Mutterherz« (V. 12) und »die treue Mutterbrust« (V. 22) Mariens der bedürftigen Kindlichkeit des geschichtlichen Menschen korrespondieren. Die Maternalisierung Mariens zur universalen Schutzherrin und die Verkindlichung des Menschengeschlechts entsprechen einander. »Deiner Liebe milde Pracht« (V. 16), so rühmt das lyrischreligiöse Ich die Gottesmutter, »bricht« als »ein tröstend Himmelslicht in die dunklen Herzen« (V. 17/18). Darin spiegelt sich ein Liebeskonzept, das den Eros zum Triebverzicht umgestimmt hat. Eichendorff stellt mit pathetischen Versen das körperliche Begehren in peinlichster Ausschweifung dar: »Aber wütet wildverkehrter / Sünder frevelhafte Lust: / Da durchschneiden neue Schwerter / Dir die treue Mutterbrust;« (V. 19–22). Die allzeit reine, von keiner Wollust angefochtene Gottesmutter erlebt die ihrer Lust hingegebenen Menschen mit einer Qual, die deren Schuldbewußtsein wecken soll. Eichendorff bedient sich der religiösen Instanzen zur Erregung der Gewissensnot und zur Dämpfung der sexuellen Lust. Er beschreitet damit eine Bahn, die vom spätromantischen Geist vorgezeichnet wurde. Um der Gottesliebe (freilich auch um der »socialen« Liebe) willen hatte Franz von Baader die mit dem »Geschlechtstrieb« verbundene Liebe grundsätzlich verurteilt: »wir sehen sogar diesen Geschlechtstrieb beim Eintritt wahrer Liebe nicht nur abnehmen, sondern bisweilen selbst ganz erlöschen.«[11] Eichendorff hat diesen »Geschlechtstrieb« in *Die zwei Gesellen* (G 61) heraufbeschworen. Der Lockung der »Sirenen« nachgebend, verfällt der eine dem Blendwerk des »farbig klingenden Schlunds«, dem täuschenden Zauber des Geschlechts, um daraus »müde und alt«, im Bewußtsein eines gänzlich verfehlten Lebens, emporzutauchen. Der andere Geselle ist freilich nicht besser gefahren mit seinem »Liebchen« und dem gemeinsamen »Bübchen« und »Hof und Haus«: sein verhäuslichter Eros und sein zu Hausbackenheit und philiströser Behaglichkeit eingetrocknetes Fernweh sind ebenfalls Zeichen eines Lebensversäumnisses. Aus der Heillosigkeit beider Lebensläufe stellt sich dem lyrischen Ich umso drängender die Frage nach dem wahren Leben. Es

11 Zit. nach Klaus Peter (Hrsg.), *Die politische Romantik in Deutschland. Eine Textsammlung*, Stuttgart 1985, S. 341.

kann sie nicht anders beantworten als durch den Anruf Gottes, der dem Notruf am Ende des *Kirchenlieds* zum Verwechseln ähnlich ist: »Ach Gott, führ uns liebreich zu Dir!«

Ratlosigkeit, die das lyrische Ich angesichts zweier mißlingender Lebensläufe erfaßt, verweist darauf, wie wenig verbürgt eine gelingende Lebenspraxis ist. Und angesichts des drohenden Mißlingens kann die Ratlosigkeit in eine Kindlichkeit münden, die sich an Gott als den obersten Schutz- und Schirmherrn des rechten Lebens anlehnt. Vor diesen Vater ist als fürsorglich-liebende Mittlerin die Gottesmutter gestellt, der die vertrauten Züge der leiblichen Mutter in reinster Form eignen. Die Liebe des Gatten zur Mutter seines Kindes, die Eichendorff im Widmungsgedicht *An Luise* skizziert, mußte er nur ins Himmelreich verlängern, um die Gatten- und Mutterliebe zur Marienliebe umzubilden. Er folgte damit dem Geist seiner Epoche. Leopold Schefer beispielsweise, Verfasser des seinerzeit populären *Laienbreviers* und der weitverbreiteten *Hausreden*, verstand sich mühelos auf die Heiligung alles Mütterlichen:

> Die Mutter ist die Höchstepriesterin,
> Die *Mutterliebe* ist die heilige,
> Die göttliche Erzieherin der Menschen [...].
> [...]
> Drum ist das Haus der heiligste der Orte!
> Der Liebe Altar und des Himmels Tempel
> [...].[12]

12 Zit. nach Friedrich Sengle, *Biedermeierzeit. Deutsche Literatur im Spannungsfeld zwischen Restauration und Revolution 1815–1848.* Bd. 1, Allgemeine Voraussetzungen, Richtungen, Darstellungsmittel, Stuttgart 1971, S. 60 u. 61.

Brentano hat manche lyrische Kostprobe dieses Mutterbilds gegeben, hat die irdisch verklärte und die Gottesmutter zwanglos ineinanderfließen lassen, zum Entzücken des lyrischen Ichs, das seine Lust und Leidenschaft am Herzen der Gottesmutter zur Kindesliebe entschärft: »O Mutter halte dein Kindlein warm, / Die Welt ist kalt und helle, / Und trag es fromm in deinem Arm / An deines Herzen Schwelle. / [...] Du strahlender Augenhimmel du / Du taust aus Mutteraugen, / Ach Herzenspochen, ach Lust, ach Ruh, / An deinen Brüsten saugen.«[13] So konnte die religiöse Mutterkindschaft zum Rettungsanker für die angeschlagenen Herren der Schöpfung werden. Der erotisch umgetriebene Mann und verlorene Sohn konnte in den Schoß der rechten, geläuterten Liebe heimkehren. Der Beitrag der bildenden Kunst zur Festigung und Verinnerlichung des spätromantischen und biedermeierlichen Mutterprinzips wurde bereits skizziert. Seinen religiösen Elan erhält dieses Prinzip auch in der Malerei durch die Ausrichtung auf die heilige Familie. Von Peter Fendi ist ein Aquarell überliefert, *Morgengebet* (1839), das vier kniende Kinder im Beisein ihrer Mutter, der Erzherzogin Sophie, zeigt, voller Andacht einem Kreuz und einem Bildnis Mariens mit dem Jesuskinde zugewandt. Mit gutem Grund hat man vom »intim familiären Charakter« des »höfischen Milieus« bei Fendi gesprochen und betont, daß die »Attitüde liebreizender Wohlerzogenheit, seelenvoller Frömmigkeit und sorgender Mütterlichkeit vor dem Biedermeier so nicht möglich gewesen wäre«[14]. Ludwig Richters *Abendandacht* von 1842 ist verwandten Geistes und läßt so einen Grundzug der Epoche fast zeitgleich hervortreten.

Es kennzeichnet die geistliche Lyrik Eichendorffs, daß sie diesen epochalen Zug wiederholt zur Geltung bringt.

13 Clemens Brentano, *Werke*. Bd. 1., hrsg. v. W. Frühwald, B. Gajek u. F. Kemp, München 1968, S. 359.

14 Willi Geismeier, *Biedermeier*, Leipzig 1979, S. 180 f.

Gedichte wie *Mariä Sehnsucht* und der zweite Teil der *Götterdämmerung* entwerfen eine mütterliche Mariengestalt in strahlender Unanfechtbarkeit, gekrönt vom »Erbarmen« des Jesusknaben. Andere ordnen in der Manier des *Kirchenlieds* der mütterlichen Jungfrau das Motiv der erlösungsbedürftigen Kindlichkeit als komplementäres Hauptthema zu. *Die heilige Mutter* entwirft »ein Meer, von Schiffen irr' durchflogen«, die »alle stranden auf schwanker Fluth«. Das Bild enthüllt sich bald als eine nachbarocke Allegorie für den Lug und Trug des irdischen Lebens, aus dem nur Maria den fehlgeleiteten Menschen erretten kann: »Und auf dem Fels die mildeste der Frauen / Zählt ihre Kinder und der Schiffe Trümmer, / Stillbetend, daß sich rings die Stürme legen. / Das sind die treuen Augen, himmelblauen – / Mein Schiff versenk' ich hinter mir auf immer, / Hier bin ich, Mutter, gieb mir deinen Segen!« (SW 1/1,336) Befangen in der irdischen Vanitas, schlägt dem Menschen jeder Gestaltungsversuch des Lebens fehl; Heil verspricht ihm nur die Überantwortung seines ›Lebensschiffes‹ an die mütterliche Gnade. Sein ganzer Eros drängt sich in einer Kindesliebe zusammen, die auf dem Bewußtsein menschlicher Gebrechlichkeit und Gebrochenheit beruht. Dieser Kindesliebe korrespondiert stilgerecht die Mutterliebe. Sie mündet in jene Maternalisierung des männlichen Liebeslebens, die beispielhaft im Marienbild zur Darstellung gelangt. Die irdische Existenz steht im Zeichen einer Todesstunde, von der sich das Ich den rettenden Gnadenakt der heiligen Mutter erhofft; in Analogie zu manchem Schlaflied für Kinder (vgl. *Müde bin ich, geh zur Ruh'*) heißt es am Ende: »Decke zu der letzten Ruh / Mütterlich den müden Wandrer / Mit dem Sternenmantel zu.«

Wie sehr Eichendorff mit dieser Verkindlichung und Maternalisierung des Eros dem religiösen Zeitgeist Tribut zollt, läßt *Die Flucht der heiligen Familie* erraten. Man darf dieses Gedicht als das lyrisch-abendliche Analogon zu

Runges Gemälde *Die Ruhe auf der Flucht* bezeichnen; vereint sein Bild Jesus und die Mutter Gottes im Licht des erwachenden Morgens, in einer gewissen Distanz zu Joseph, so führt Eichendorff die beiden Gestalten in »kühler Abendluft« zusammen, hinter dem voranschreitenden Ersatzvater: »Und Maria schauet nieder / Auf das Kind voll Lust und Leid, / Singt im Herzen Wiegenlieder / In der stillen Einsamkeit.« Beschützt von der abendlichen Landschaft, dankt das »Kindlein« dem »stillen Land« mit segnender Hand, »daß die Erd' mit Blumen, Bäumen / Fernerhin in Ewigkeit / Nächtlich muß vom Himmel träumen –« (SW 1/1,339). In die fromme Genrebildlichkeit, die aus dem Zusammenspiel zwischen heiliger Familie und schützender Abendlandschaft entsteht, dringt ein metaphysischer Zug aus Eichendorffs *Mondnacht*, wo die Erde »im Blütenschimmer« vom Himmel zu träumen scheint. Der konjunktivische Vorbehalt in Mondnacht, der die geschichtliche Ungewißheit einer ersehnten Heilsgeschichte zum Ausdruck bringt, weicht in der Flucht einer legendenhaften Selbstgewißheit; sie nimmt der Natur die ihr eigentümliche Magie und macht sie zur *ancilla pietatis*, staffagenhaft mit spätromantisch-biedermeierlichen Landschaftsdetails ausgestattet.

Welches sind die Gründe für die wiederholte Anstrengung des lyrischen Ichs, den Eros zu befrieden und umzuwandeln in Mutter- und Gottesmutterliebe? Man wird die Verzweiflung am Leben an erster Stelle nennen dürfen. Sie paart sich leicht mit einem Sündenbewußtsein, das sich am heftigsten am Eros selbst entzündet. Wenn der junge Mann der *Verlorenen Liebe* »all die Teufel« (V. 8) der Lust in seinem Innern entriegelt, und am Ende »Herz und Saitenspiel« (V. 55) zerstört sieht, so steht er an der Schwelle der Lebensverzweiflung. In den Gedichten *Der irre Spielmann* und *Der Verirrte* überschreitet er diese Schwelle. Es sind Zeugnisse einer affektgeladenen, tobenden Aggression gegen das eigene Selbst und gegen die Natur: »Von Sünde und Reue zerrissen die Brust, / Wie rasend in verzweifelter Lust, / [...]. Ich möchte reiten ans Ende der Welt, / Wo der Mond und die Sonne hinunter fällt.« (*Der irre Spielmann*; G 62 f.) Das expressionistischer Bildlichkeit vorgreifende Chaos der Schöpfung zeigt an, daß Selbstzerstörung hier die Dimension einer Weltkatastrophe annimmt. Es handelt sich um mehr als jene erotische Selbstpreisgabe in *Lockung*, die zur unio mystica mit der Natur neigt und Züge einer Todessehnsucht entwickelt. Es handelt sich um einen Identitätszerfall, der vom religiösen Sündenbewußtsein vergiftet wird und den keine Reue aufhalten kann. Denn noch im Stande der reuigen Selbsteinkehr bleibt das Ich der »Lust« tributpflichtig. So erleidet es eine Zerrissenheit, die sich stilistisch in dem Paradoxon der »verzweifelten Lust«, topographisch in ruheloser Unbehaustheit niederschlägt. Das Stigma dieses zerrissenen Ichs ist Heimat- und Ortlosigkeit: »Weiß ich doch selber nicht, wo ich bin!« (ebd.)

Die durch die Marien- und Gottesliebe verbürgte Heilsgewißheit in *Kirchenlied* und die vom unbotmäßigen oder heidnischen Eros verursachte Heillosigkeit in *Verlorene Liebe* und *Der irre Spielmann* – sie bilden die extremen Pole der beiden Liebesarten, die in Eichendorffs Lyrik leitmotivisch wiederkehren; sie treten bisweilen isoliert voneinander auf, aber sie konkurrieren gelegentlich auch unmittelbar miteinander oder ziehen sich im Magnetfeld des lyrischen Zyklus wechselseitig an. Der Widerstreit zwischen diesen Liebesarten erfaßt erstaunlicherweise auch einige der *Geistlichen Gedichte*. Obgleich sie ihrem Gattungscharakter und ihrer Grundintention nach auf die göttlichen Instanzen und das überirdische Heil ausgerichtet sind, verschaffen sie der Verstrickung des Ichs in die »irdische Lust und Zauberei« wiederholt Ausdruck:

Hinauszuschlagen in die Töne,
Lockt dich Natur mit wilder Lust,
Zieht Minne, holde Frauenschöne
Zum Abgrund süß die sel'ge Brust [...].

(*Das Gebet*, SW 1/1,323)

Die »wilde Lust« hat sich das religiöse Feld der »Seligkeit« bereits erschlichen, wie die Rede von der »sel'ge[n] Brust« verrät. Dagegen muß die wahre Religiosität aufgeboten werden:

Du seltner Pilger, laß dich warnen!
Aus irdscher Lust und Zauberei,
Die freud- und leidvoll dich umgarnen
Strecke zu Gott die Arme frei!

(ebd.)

Die Aufforderung zu solcher Frömmigkeit bleibt vielerorts nur ein frommer Wunsch. Die mythische Figur der Frau Venus als die Verkörperung der lustvollen »Zauberei« kann noch inmitten des Gebets ungeahnte Kraft entwickeln, ja, kaum entwirrbare Verwirrung stiften. Davon zeugt *Jugendandacht* (SW 1/1,291–297), ein zehnteiliger Zyklus aus den *Geistlichen Gedichten*. Wenn das »Herz« eingangs »des verlornen Himmels« gedenken soll, so erwartet der Leser, von der Überschrift entsprechend eingestimmt, eine Annäherung an den religiösen Himmel; statt dessen sieht er jedoch das lyrische Herz vom »verführend[en] Lied der Quellen«, einem Venus-Lied, bewegt: »Wie thut ihr zaub'risch auf die alten Wunden, / Daß losgebunden in das Licht sie bluten!« Unversehens hat die Zauberkraft des heidnischen Eros eine uralte Sehnsucht wiedererweckt; ebenso unvermittelt erinnert sich dann das Subjekt seiner »erste[n] Andacht« und wendet sich der »Einen«, der Jungfrau Maria, zu, in deren Himmelsblick »gereinigt alle Triebe« sind. Keineswegs kann damit die göttliche Maria ihren Siegeszug über die heidnische Konkurrentin antreten. Letztere bleibt noch in der entschiedenen Hinwendung des Ichs an die Jungfrau gegenwärtig.[15] Verse wie »Langst sehnsuchtsvoll nach mir mit off'nen Armen, / Fühlst selbst den Schmerz, den Du mir süß gegeben. – / Umfangen fühl' ich innigst mich erwarmen« – solche Verse können ebensowohl den Takt einer himmlischen wie einer heidnischen Liebe schlagen (vgl. Gedicht 4). Und in der Tat: Im sechsten Gedicht ruft das Ich zwar die »Eine« erneut an und scheint damit die Jungfrau Maria zu evozieren, doch der allgegenwärtige Frühling mit seinen betörenden Nachtigallen lockt suggestiv Frau Venus herbei, und mit ihr auch jenes »süße Herzeleid«, das sich »im Liebesschlagen« zum Tod verführen lassen möchte, ohne Ausblick auf das göttliche Heil: »So sag' auch ich bei jedem Frühlingsglanze: / Du süße Laute! Laß' uns beide sterben.« Im achten Gedicht erhält das Verwirrspiel, das die beiden kontroversen Frauengestalten gelegentlich bis zur Ununterscheidbarkeit ineinander fließen läßt, eine überwältigende Dynamik: »War's niemals da, als rief die Eine, Deine? / Lockt dich kein Weh, kein brünstiges Verlangen / Nach andrer Zeit, die lange schon vergangen, / Auf ewig einzugehn in grüne Scheine?« Mag die »Eine, Deine« die Mutter Maria apostrophieren – die Lockung eines »brünstigen Verlangens« nach längst vergangener »Zeit« ist für die Gestalt der Venus typisch. Das lustversprechende Triebbegehren redet immer wieder in das Mariengebet hinein; die Sprache der Frömmigkeit kann unversehens von den Impulsen des unsublimierten Eros durchwirkt sein. So sieht sich denn das Ich in eine Entscheidung gestellt, die im polaren Bild der Sternenhöhe und des dunkel wogenden Abgrunds die Alternative zwischen gebändigtem und heidnisch unzensiertem Eros versinnlicht:

15 Ursula Regener (*Formelsuche*, S. 61 f.) erwägt den Anteil der »Projektion« des lyrischen Ichs an solchen Ineinsbildungen der beiden Frauengestalten.

»Geheimnißvoll gehn oben goldne Sterne, / Unten erbraust viel Land in dunklen Wogen – / Was zögerst du am unbekannten Rande?« (*Jugendandacht*. 8)

Literaturhinweise

Adorno, Theodor W. und Horkheimer, Max: Dialektik der Aufklärung. Philosophische Fragmente. 1947.

Bormann, Alexander von: Natura loquitur. Naturpoesie und emblematische Formel bei Joseph von Eichendorff. Tübingen 1968 (Studien zur deutschen Literatur 12.).

Brentano, Clemens: Werke. Hrsg. von W. Frühwald, Bernhard Gajek u. Friedhelm Kemp. München 1968.

Ehlich, Konrad: Linguistisches Feld und poetischer Fall. Eichendorffs Lockung. In: K. E. (Hrsg.): Eichendorffs Inkognito. Wiesbaden 1997. S. 163–194.

Freud, Sigmund: Die Traumdeutung. 8. unveränderte Auflage. Frankfurt a. M. 1998.

Geismeier, Willi: Biedermeier. Leipzig 1979.

Langen, August: Joseph von Eichendorffs Lockung. In: Die deutsche Lyrik. Form und Geschichte. Interpretationen von der Spätromantik bis zur Gegenwart. Hrsg. v. Benno von Wiese. Düsseldorf 1956. S. 57–67.

Matt, Peter von: Der irrende Leib. Die Momente des Unwissens in Eichendorffs Lyrik. In: Aurora 49 (1989). S. 47–57.

– Gespaltene Liebe. Die Polarisierung von erotischer und geistlicher Lyrik als Strukturprinzip des romantischen Gedichts. In: Das Schicksal der Phantasie. Studien zur deutschen Literatur. München 1994. S. 61–77.

Peter, Klaus (Hrsg.): Die politische Romantik in Deutschland. Eine Textsammlung. Stuttgart 1985.

Pikulik, Lothar: Bedeutung und Funktion der Ferne bei Eichendorff. In: Aurora 35 (1975) S. 21–34.

Regener, Ursula: Formelsuche. Studien zu Eichendorffs lyrischem Frühwerk. Tübingen 2001. (Untersuchungen zur Literaturgeschichte 110.)

Seidlin, Oskar: Versuche über Eichendorff. Göttingen 1965.
Sengle, Friedrich: Biedermeierzeit. Deutsche Literatur im Spannungsfeld zwischen Restauration und Revolution 1815–1848. Bd. 1: Allgemeine Voraussetzungen, Richtungen, Darstellungsmittel. Stuttgart 1971.
Xu, Pei: Frauenbilder der Romantik. Sophie Mereau-Brentano, Karoline von Günderode, Annette von Droste-Hülshoff, Clemens Brentano, Joseph von Eichendorff. Heinrich Heine. Düsseldorf 1997.

Bibliographische Hinweise

Ausgaben

Joseph von Eichendorff: Gedichte. Hrsg. von Peter Horst Neumann in Zusammenarbeit mit Andreas Lorenczuk. Stuttgart: Philipp Reclam jun. 1997. [zit. als G].

Sämtliche Werke des Freiherrn Joseph von Eichendorff. Historisch-kritische Ausgabe. Begründet von Wilhelm Kosch und August Sauer, fortgeführt und hrsg. von Hermann Kunisch (†) und Helmut Koopmann, Regensburg 1962–1970, dann Stuttgart / Berlin / Köln / (Mainz): W. Kohlhammer, seit 1997 Tübingen: Max Niemeyer Verlag. [zit. als SW].

Bd. 1/1: Gedichte. Erster Teil. Text. Hrsg. von Harry Fröhlich und Ursula Regener. 1993.

Bd. 1/2: Gedichte. Erster Teil. Kommentar. Aufgrund von Vorarbeiten von Wolfgang Kron (†) hrsg. von Harry Fröhlich. 1994.

Bd. 1/3: Gedichte. Zweiter Teil. Verstreute und nachgelassene Gedichte. Text. Hrsg. von Ursula Regener. 1997.

Bd. 1/4: Gedichte. Zweiter Teil. Verstreute und nachgelassene Gedichte. Kommentar. Hrsg. von Ursula Regener. 1997.

Bd. 5/1: Erzählungen. Erster Teil. Text. Hrsg. von Karl Konrad Polheim. 1998.

Joseph von Eichendorff: Werke in sechs Bänden. Hrsg. von Wolfgang Frühwald, Brigitte Schillbach und Hartwig Schultz. Deutscher Klassiker Verlag Frankfurt a. M. 1987 ff. [zit. als W].

Joseph von Eichendorff: Werke. München: Winkler 1970 ff.

Bd. IV: Nachlese der Gedichte, Erzählerische und dramatische Fragmente, Tagebücher 1798–1815. Nach den Erstdrucken und Handschriften. Verantwortlich für die Textredaktion: Klaus-Dieter Krabiel und Marlies Korfsmeyer. Mit Anmerkungen und Register von Klaus-Dieter Krabiel. 1980.

Ausgewählte Forschungsliteratur

Adorno, Theodor W. und Horkheimer, Max: Dialektik der Aufklärung. Philosophische Fragmente. 1947.
Adorno, Theodor W.: Zum Gedächtnis Eichendorffs. In: Th. W. A.: Noten zur Literatur I. Frankfurt a. M. 1958. S. 105–143.
Alewyn, Richard: Eichendorffs Symbolismus. In: R. A.: Probleme und Gestalten, Frankfurt a. M. 1982. S. 232–245.
Bormann, Alexander von: »Das zertrümmerte Alte«. Zu Eichendorffs Lorelei-Romanze Waldgespräch. In: Gedichte und Interpretationen. 3: Klassik und Romantik. Stuttgart 1984. S. 306–319.
– Natura loquitur. Naturpoesie und emblematische Formel bei Joseph von Eichendorff. Tübingen 1968. (Studien zur deutschen Literatur 12.).
Brentano, Clemens: Werke. Hrsg. von Wolfgang Frühwald, Bernhard Gajek u. Friedhelm Kemp. München 1968.
Ehlich, Konrad: Linguistisches Feld und poetischer Fall. Eichendorffs Lockung. In: K. E. (Hrsg.): Eichendorffs Inkognito. Wiesbaden 1997. S. 163–194.
Emblemata. Handbuch zur Sinnbildkunst des XVI. und XVII. Jahrhunderts. Taschenausgabe. Hrsg. von Arthur Henkel und Albrecht Schöne. Stuttgart/Weimar 1996.
Evangelisches Kirchen-Gesangbuch. Ausgabe für die Landeskirchen Rheinland, Westfalen und Lippe. Gütersloh o. J.
Friederici, Hans: Untersuchungen zur Lyrik Joseph von Eichendorffs. In: Weimarer Beiträge 8, H. 1 (1962) S. 85–107.
Fröhlich, Harry: Eichendorff in Dresden. In: Aurora 55 (1995) S. 105–122.
Frühwald, Wolfgang: Die Erneuerung des Mythos. Zu Eichendorffs Gedicht Mondnacht. In: Gedichte und Interpretationen. Klassik und Romantik. Hrsg. von Wulf Segebrecht. Stuttgart 1984.
Geismeier, Willi: Biedermeier. Leipzig 1979.
Gockel, Heinz: Mythos und Poesie. Zum Mythosbegriff in Aufklärung und Frühromantik. Das Abendland NF 12. Frankfurt a. M. 1981.
Graevenitz, Gerhart von: Mythos. Zur Geschichte einer Denkgewohnheit. Stuttgart 1987.
Henel, Heinrich: Erlebnisdichtung und Symbolismus. In: Deut-

sche Vierteljahrsschrift für Literaturwissenschaft und Geistesgeschichte 32 (1958) S. 71–98.

Hillach, Ansgar / Krabiel, Klaus-Dieter: Eichendorff-Kommentar. 2 Bde. München 1971/72.

Hörisch, Jochen: »Larven und Charaktermasken«. Zum elften Kapitel von Ahnung und Gegenwart. In: Eichendorff und die Spätromantik. Hrsg. von Hans-Georg Pott. Paderborn 1985. S. 27–38.

Kaiser, Gerhard: Geschichte der deutschen Lyrik von Goethe bis Heine. Ein Grundriß in Interpretationen. Frankfurt a. M. 1988. Vgl. Bd. 1. S. 108–120; 229–232, und Bd. 3. S. 160–163.

Klussmann, Paul Gerhard: Über Eichendorffs lyrische Hieroglyphen. In: Literatur und Gesellschaft vom neunzehnten ins zwanzigste Jahrhundert. Festgabe für Benno von Wiese. Hrsg. von Hans Joachim Schrimpf. Bonn 1963. S. 113–141.

Koopmann, Helmut: Joseph von Eichendorff. In: Joseph Freiherr von Eichendorff. 1788–1857. Leben, Werk, Wirkung. Eine Ausstellung der Stiftung Haus Oberschlesien und des Landesverbandes Rheinland, Rheinisches Museumsamt Abtei Brauweiler in Zusammenarbeit mit der Eichendorff-Gesellschaft 1983. Köln/Dülmen 1983. S. 11–24.

Krabiel, Klaus-Dieter: Tradition und Bewegung. Zum sprachlichen Verfahren Eichendorffs. Stuttgart 1973.

Langen, August: Joseph von Eichendorffs Lockung. In: Die deutsche Lyrik. Form und Geschichte. Interpretationen von der Spätromantik bis zur Gegenwart. Hrsg. von Benno von Wiese. Düsseldorf: August Bagel Verlag 1956. S. 57–67.

Lindemann, Klaus: »Deutsch Panier, das rauschend wallt«. Der Wald in Eichendorffs patriotischen Gedichten im Kontext der Lyrik der Befreiungskriege. In: Eichendorff und die Spätromantik. Hrsg. von Hans-Georg Pott. Paderborn 1985. S. 91–131.

Littlejohns, Richard: Sehnsucht und kein Ende. Eichendorffs Gedicht im Zusammenhang des romantischen Denkens. In: Aurora 49 (1989) S. 37–45.

Matt, Peter von: Der irrende Leib. Die Momente des Unwissens in Eichendorffs Lyrik. In: Aurora 49 (1989) S. 47–57.

Nienhaus, Stefan: »Waldessprache«. Anmerkungen zu zwei Gedichten Joseph von Eichendorffs. In: Critica poeticae. Lesarten zur deutschen Literatur. Hans Geulen zum 60. Geburtstag von seinen Schülern und Freunden. Hrsg. von Andreas Gössling und Stefan Nienhaus. Würzburg 1992. S. 205–218.

Peniche, Sybille: Künstlertum und Gefährdung bei Eichendorff und E.T.A. Hoffmann. Los Angeles 1990.
Peter, Klaus (Hrsg.): Die politische Romantik in Deutschland. Eine Textsammlung. Stuttgart 1985.
Pikulik, Lothar: Abendliche Erfahrungen. Zu einem Gedicht Eichendorffs und seinem Zusammenhang mit der Tradition. In: Aurora 44 (1984) S. 7–15.
– Bedeutung und Funktion der Ferne bei Eichendorff. In: Aurora 35 (1975) S. 21–34.
Regener, Ursula: »Aus Europa herausspedirt«. Wenn ein Taugenichts zum Auswanderer wird. In: Aurora 52 (1992) S. 71–84.
– Formelsuche. Studien zu Eichendorffs lyrischem Frühwerk. Tübingen 2001. (Untersuchungen zur Literaturgeschichte 110.)
Rehm, Walther: Prinz Rokoko im alten Garten. Eine Eichendorff-Studie. In: Jahrbuch des Freien Deutschen Hochstifts (1962) S. 97–207.
Schiwy, Günther: Eichendorff. Der Dichter in seiner Zeit. Eine Biographie. München 2000.
Schwarz, Egon: Joseph von Eichendorff. New York 1972. (Twayne's World Author Series 163.).
Schwarz, Peter: Die Bedeutung der Tageszeiten in der Dichtung Eichendorffs. Diss. Freiburg i. Br. 1964.
Seidlin, Oskar: Versuche über Eichendorff. Göttingen 1965.
Sengle, Friedrich: Biedermeierzeit. Deutsche Literatur im Spannungsfeld zwischen Restauration und Revolution 1815–1848. Bd. 1 Allgemeine Voraussetzungen, Richtungen, Darstellungsmittel. Stuttgart 1971.
Stöcklein, Paul (Hrsg.): Eichendorff heute. Stimmen der Forschung mit einer Bibliographie. Darmstadt, 2. ergänzte Auflage 1966.
Stöcklein, Paul: Joseph von Eichendorff in Selbstzeugnissen und Bilddokumenten. Reinbek bei Hamburg 1963.
Walter, Hugo: The apostrophic moment in nineteenth and twentieth century German poetry. New York / Bern / Frankfurt a. M. 1988.
Werner, Hans Georg: Die Lyrik Eichendorffs. In: Geschichte der deutschen Literatur von den Anfängen bis zur Gegenwart. Bd. 7: 1789–1830. Von Autorenkollektiven, Leitung und Gesamtbearbeitung Hans-Dietrich Dahnke (1789–1806) und Thomas Höhle in Zusammenarbeit mit Hans Georg Werner (1806–1830). Berlin (Ost) 1978. S. 779–786.

Wilke, Jürgen: Vom Sturm und Drang bis zur Romantik. In: Walter Hinderer (Hrsg.): Geschichte der politischen Lyrik in Deutschland. Stuttgart 1978. S. 165–186.
Wiora, Walter: Das deutsche Lied. Zur Geschichte und Ästhetik einer musikalischen Gattung. Wolfenbüttel/Zürich 1971.

Die Autoren der Beiträge

Alexander von Bormann

Geboren 1936. Studium der Germanistik, Philosophie und der klassischen Philologie in Tübingen, Göttingen und Berlin. Dr. phil. Lehrstuhl für Neuere deutsche Literatur an der Universität von Amsterdam (1971–2001).

Publikationen: Natura loquitur. Naturpoesie und emblematische Formel bei Joseph von Eichendorff. 1968. – (Mitautor) Geschichte der deutschen Literatur von 1945 bis zur Gegenwart. 1994–2005. – Weitere Veröffentlichungen sind aufgeführt in: Poesie als Auftrag. Festschrift für Alexander von Bormann. Hrsg. von Dagmar Ottmann und Markus Symmank. 2001.

Helmut Koopmann

Geboren 1933. Studium der Germanistik, Anglistik und Philosophie in Bonn und Münster. Dr. phil. Professor für Neuere deutsche Philologie an der Universität Bonn (1969–1974), Professor für Neuere deutsche Literaturwissenschaft an der Universität Augsburg; seit 2001 Emeritus. Von 1976 bis 1984 Präsident der Deutschen Eichendorff-Gesellschaft.

Publikationen: Zahlreiche Veröffentlichungen zur Literatur des 18. Jahrhunderts, zu Johann Wolfgang Goethe, Friedrich Schiller, Thomas und Heinrich Mann, Alfred Döblin, zur Exilliteratur und zur Literatur der Nachkriegszeit sowie zur Gegenwartsliteratur.

Klaus Peter

Geboren 1937. Studium der Germanistik, Philosophie und Geschichte in Frankfurt a. M. und München. Dr. phil. Professor Emeritus für deutsche Sprache und Literatur an der University of Massachusetts, Amherst, USA.

Publikationen: Idealismus als Kritik. Friedrich Schlegels Philosophie der unvollendeten Welt. 1972. – Friedrich Schlegel. 1978. – Stadien der Aufklärung. Moral und Politik bei Lessing, Novalis und Friedrich Schlegel. 1980. – (Hrsg.) Romantikforschung seit 1945. 1980. – (Hrsg.) Die politische Romantik in Deutschland. Eine Textsammlung. 1985. – Art. »Romantik«. In: Geschichte der deutschen Literatur. Kontinuität und Veränderung. Bd. 2. Von der Aufklärung bis zum Vormärz. [2]1998. – History and Moral Imperatives. The Contradictions of Political Romanticism. In: History of German Literature. Bd. 8. Romanticism. 2004.

Ursula Regener

Geboren 1961. Studium der Germanistik, Philosophie, Musikwissenschaft in Münster. Dr. phil. Ordinaria für Deutsche Philologie / Neuere deutsche Literaturwissenschaft an der Universität Regensburg.

Publikationen: Stumme Lieder? Zur motiv- und gattungsgeschichtlichen Situierung von Johann Chrisitan Günthers »Verliebten Gedichten«. 1989. – Joseph von Eichendorff: Gedichte. Erster Teil. Text. (Sämtliche Werke des Freiherrn Joseph von Eichendorff. Historische-kritische Ausgabe, begründet von Wilhelm Kosch und August Sauer, fortgeführt u. hrsg. Von Hermann Kunisch und Helmut Koopmann. (Mithrsg. 1993). – (Hrsg.) Joseph von Eichendorff: Gedichte. Zweiter Teil. Verstreute und nachgelassene Gedichte. Text und Kommentar. 1997. – (Mithrsg.) »In Spuren gehen …«. Festschrift für Helmut Koopmann. 1998. – Formelsuche. Studien zu Eichendorffs lyrischem Frühwerk. 2001. – (Mithrsg. seit 2001) Aurora. Jahrbuch der Eichendorff-Gesellschaft. – Joseph von Eichendorff: Das Marmorbild. Erläuterungen und Dokumente. 2004. – (Hrsg.) Joseph von Eichendorff. Tagebücher. Text und Kommentar. 2005.

Gert Sautermeister

Geboren 1940. Studium der Germanistik und Romanistik in Tübingen, Wien, Paris und München, Dr. phil. Professor für Neuere Deutsche Literatur an der Universität Bremen.

Publikationen: Idyllik und Dramatik im Werk Friedrich Schillers. 1971. – Thomas Mann: *Mario und der Zauberer.* 1981. – Georg Christoph Lichtenberg. 1993. – Gottfried Keller. *Romeo und Julia auf dem Dorfe*. 2003. – (Mithrsg.) Text und Geschichte. Modellanalysen zur deutschen Literatur. 1980 ff. – (Mithrsg.) Neue Bremer Beiträge. 1983 ff. – (Mithrsg.) Kulturwissenschaftliche Studien zur deutschen Literatur. 1989 ff. – (Mithrsg.) Zwischen Restauration und Revolution 1815–1848. 1998. – (Mithrsg.) Goethe im Exil. Deutsch-Amerikanische Perspektiven. 2002.

EGON SCHWARZ

Geboren 1922. Studium der Romanistik und Germanistik. PhD. Rosa May Distinguished University. Professor in the Humanities, Washington University, St. Louis.

Publikationen: Hofmannsthal und Calderon. 1962. – Das verschluckte Schluchzen. Poesie und Politik bei Rainer Maria Rilke. 1972. – Joseph von Eichendorff. 1972. – Keine Zeit für Eichendorff. Chronik unfreiwilliger Wanderjahre. ›Eine Autobiographie‹. 1979. Erw. Neuaufl. 1992. – Dichtung, Kritik, Geschichte. Essays zur Literatur 1900–1930. 1983. – Literatur aus vier Kulturen. Essays und Besprechungen. 1987. – Hermann Hesse: *Der Steppenwolf*. In: Romane des 20. Jahrhunderts. Bd. 1. 1993. – (Hrsg.) Nation im Widerspruch. 1963. – (Mithrsg.) Verbannung. Aufzeichnungen deutscher Schriftsteller im Exil. 1964. – (Mithrsg.) Exil und Innere Emigration II. 1973. – »Ich bin kein Freund allgemeiner Urteile über ganze Völker«. Essays über österreichische, deutsche und jüdische Literatur. 2000. – Die japanische Mauer. Ungewöhnliche Reisegeschichten. 2002. – Zahlreiche Aufsätze und Rezensionen zur europäischen und amerikanischen Literatur in Sammelbänden, Zeitschriften und Zeitungen.